isabel parra

el Libro Mayor de Violeta Parra

Libros del
MERIDION

Libros del
~~MERIDION~~

Publicados por EDICIONES MICHAY, S. A.

SP/
ML
420
·P26
P37
1985

559ฑ 4288

Con la música del amor
orquestemos la gran canción
de la existencia

OMAR KHAYAM

A Régine Mellac

Sumario

	Págs.
Prólogo (Víctor Casaus)	9
1.	25
2.	45
3.	59
4.	73
5.	83
6.	101
7.	113
8.	119
9.	139
10.	145
Las canciones	149
Cronologías	197
Discografía, Bibliografía y Filmografía	209
A modo de epílogo	221

Yo creo que todo artista debe aspirar a tener como meta el fundir su trabajo en el contacto directo con el público. Estoy muy contenta de haber llegado a un punto de mi trabajo en que ya no quiero ni siquiera hacer tapicería, ni pintura, ni poesía, así, suelta. Me conformo con mantener la carpa y trabajar esta vez con elementos vivos, con el público cerquita de mí, al cual yo puedo sentir, tocar, hablar e incorporar a mi alma.

Quien nos habla así, desde una entrevista de 1966, es Violeta Parra, y lo que nos dice puede tomarse muy bien como la síntesis de su poética y también, en alguna medida, como la explicación de este libro.

Folklorista y pintora, cantante y ceramista, compositora y poeta, decimista y bordadora de arpilleras mágicas, Violeta Parra es un alto, querido ejemplo del genio creador del pueblo.

Este *Libro mayor* de su obra y de su vida quiere ser un homenaje a esa vida y a esa obra. Hoy, cuando se reimprimen en diversos países las canciones de Violeta, y algunos de sus textos se antologan y comentan —incluso dentro de Chile—, este *Libro mayor* viene a reunir textos poéticos, letras de canciones, cartas inéditas y fotos que Isabel Parra fue recopilando amorosa y tenazmente durante estos años, para darnos una suma mayor de la múltiple creatividad de Violeta Parra.

Lo que expresaba Violeta en el párrafo inicial era también la culminación de un largo, tenso y fecundo período de trabajo, durante el cual se produjo una fusión admirable y aleccionadora: la de la vida con la obra.

Los que hoy se detienen emocionados ante algún verso suyo, los que se preguntan cómo logró esta mujer bordar esa flor que no es sólo flor, y cómo pueden conmover hasta el llanto esta guitarra y esta voz, están sintiendo, traducido en letra, color o sonido, el peso de esa unión entre lo hecho y lo vivido, su correspondencia, su alegría y su tragedia. La vida fue vivida intensamente por esta mujer que a los 49 años había recorrido Chile *de arriba p'abajo, desenterrando folklore,* y había enriquecido con esos hallazgos las estremecedoras canciones que hacía, y se había ido al otro lado del mundo a mostrar el fruto de sus manos y de su guitarra. Que había amado y tenido hijos y vuelto a amar siempre. Que había sacado fuerzas para entender y soportar tanto desdén sobre su trabajo y su esfuerzo. Que había expuesto sus bordados y sus cuadros en la acera, al aire libre, lo mismo en las márgenes de un río que en el salón de uno de los más grandes museos del mundo.

Esa vida intensa, que comenzó en San Carlos, provincia de Ñuble, centro de Chile, octubre de 1917, trajo primero una infancia campesina, poblada de hermanos y penurias económicas. Cuando esa infancia está terminando (1932), Violeta se va a la capital, donde su hermano Nicanor —ya instalado como inspector de colegio— se encargará de que se matricule en la Escuela Normal.

Dos años después, Violeta abandona los estudios (otra vez el fantasma concreto de la precaria situación económica) y comienza a trabajar con sus hermanos en los boliches de los barrios populares. Se trata de un trabajo duro e inestable el que realizan en estos sitios: no tienen ante ellos el auditorio atento de un teatro, sino ruidosos y alegres consumidores de licor, para los que esta música que interpretan es como el eco de otra música que han oído muchas veces.

No será hasta principios de la década del 50 que la producción artística de Violeta —composición e interpretación— alcance el nivel de la autenticidad cultural verdadera, que se convertiría en rasgo definitivo de toda la actividad de esta mujer decidida, constante y convencida de que en su *voz de tarro* habían empezado a sonar los ecos de su pueblo y se había comenzado a expresar la inquieta urdimbre de sus deseos, sus angustias y sus esperanzas.

El mejor Libro de Folklore

Cuándo me iba a imaginar yo que al salir a recoger mi primera canción, un día del año 53, en la Comuna de Barrancas, en Santiago, iba a aprender que Chile es el mejor libro de folklore que se haya escrito. Cuando aparecí en la Comuna de Barrancas a conversar con doña Rosa Lorca me pareció abrir este libro.

Y en ese mundo supo penetrar Violeta Parra. En el de doña Rosa Lorca, por ejemplo, llegando al punto de identificarse con aquellos que le ofrecían datos, canciones viejas, costumbres, creando identificaciones, relaciones plenamente humanas, que se desarrollaban durante años.

Y, más allá del mundo particular de una fecunda informante, Violeta penetró en el mundo ancho —y ajeno para la cultura oficial— de las ricas y variadas fuentes folklóricas de Chile. Violeta comenzó investigando el folklore de su provincia de Ñuble, siguió por toda la zona central, descubrió la peña de Arauco, trabajó en Concepción fundando un Museo de Arte Popular, buscó raíces en Chiloé, rastreó finalmente la música nortina. Lo que hay en medio de estas cuatro líneas que resumen su trabajo investigativo es una suma de esfuerzo y constancia que encuentran su explicación únicamente en la voluntad firme de Violeta, y en su confianza en los valores que estaba redescubriendo y divulgando.

Es necesario señalar estos elementos para entender, en toda su dimensión, lo que significó la tarea inmensa de Violeta Parra para abrir este *Libro de folklore*. Vistos desde hoy, desde la distancia, los resultados de su trabajo pueden aparecer como productos «naturales» de un genio indudable. Sin minimizar la importancia de ese factor esencial, es preciso, sin embargo, ver la otra cara, igualmente valiosa, a ratos anónimamente heroica, de esta medalla de Violeta Parra: esa vocación firme, indoblegable, de rastrear raíces musicales en un pasado que no se detenía en la canción del siglo XIX, sino se remontaba mucho más allá, a las fuentes ancestrales de la rica herencia indígena.

Y para aquella búsqueda sólo contaba con su decisión, su voluntad y su convicción[1]. Esos factores iban en busca de una visión y una práctica del folklore que evidenciaban, de hecho, las limitaciones de una concepción muy en boga en aquellos años que definía el folklore en estos marcos: cursilería envuelta en los colores nacionales; lo popular detenido en su repetición; el gusto adormecido ante esa forma de traición a la cultura del pueblo.

Por todo ello, los esfuerzos de Violeta para llevar adelante sus investigaciones no encontraron apoyo material ni aliento espiritual en los organizadores de la cultura oficial. A cuaderno limpio, sin grabadora ni transporte propios, sin infraestructura en que apoyar todo el trabajo, recogió

---

1. El «irremplazable Tomás Lago» —como llama el crítico Juan Andrés Piña a esta figura que ofreció a Violeta su inestimable ayuda en aquellos años— se preguntaba, con asombro admirado:

«¿Cómo pudo ella sola, sin preparación tecnológica previa, sin doctorado, sin medios económicos especiales, imponer un estilo a la canción chilena, sacando de las sombras del pasado esta imagen inescrutable pero conmovedora de Chile?» Y definía de esta manera la esencia del aporte de Violeta: «Me refiero a esa vibración especial, a ese aroma profundo que a veces no es más que una inflexión descarnada, casi una queja de la voz humana de Chile. Fue lo que trajo Violeta Parra a nuestros centros cultivados para integrarnos a una memoria ancestral.»

El párrafo anterior es citado por Piña en la introducción a su antología de canciones amorosas de Violeta. *Veintiuno son los dolores*, Ediciones Aconcagua. Santiago de Chile, 1976.

Este trabajo de Piña, junto a otros artículos que ha publicado sobre Violeta en estos últimos años en Chile, constituye un valioso acercamiento a la figura de esta inmensa artista y a la herencia que ha dejado su obra y su vida.

textos perdidos, músicas casi olvidadas, costumbres populares refugiadas en familias y regiones. Las dos décadas que han pasado desde entonces, que vieron seguramente como ninguna otra el auge de los medios tecnológicos más sofisticados para realizar las investigaciones en estas áreas del conocimiento, subrayan fuertemente el valor cultural de aquel trabajo comenzado en 1953.

Y el canto de todos que es mi propio canto

La investigación folklórica constituye, de esta manera, lo que pudiéramos hoy llamar el primer momento de la actividad creadora de Violeta Parra: ponerse en contacto con aquel mundo que iba descubriendo, rescatarlo y divulgarlo.

Ya hemos subrayado la carga de esfuerzo personal y de vocación irreductible que hicieron posible este trabajo. Si Violeta no contaba con el instrumental científico al uso para realizar estas investigaciones, poseía, sin embargo, las cualidades artísticas y humanas capaces de superar esa desventaja objetiva. No fue una *investigadora* en el sentido completo —y tradicional— de la palabra. Pero su *investigación* llegó más hondo y su divulgación más lejos[2].

La clave a todo ello puede hallarse, en principio, en la respuesta a esta pregunta: ¿Para qué buscaba? Si otras investigaciones se enfilan hacia la clasificación exhaustiva, las descripciones cerradas, o el encasillamiento de conceptos, la de Violeta buscaba, ante todo, revivir. Nada que ver con el muestreo arqueológico. Revivir las fuentes de una cultura viva y relegada; revivir sus textos y sus melodías mediante la divulgación de sus características y valores; revivir las imágenes de los auténticos creadores de esas formas culturales devolviéndoselas creadoramente. Eso hizo Violeta Parra.

Y al hacerlo —y mientras lo hacía— la riqueza de esos antecedentes sirvió de fuente nutricia a sus propias canciones, que no tuvieron entonces que ver con los corridos repetidos, los tangos iguales y las rancheras

---

2. Gastón Soublette, que trabajó junto a Violeta en las investigaciones folklóricas de Concepción, ha contado: «Ella atacaba con violencia la deformación profesional del estudioso, que mira las cosas en forma distante, con un criterio puramente técnico. En cierto modo yo creo que ese es el problema que tenía conmigo, porque me decía: *Usté es un pituco, que está metido en esto de puro cantor no más*».

Soublette hizo las partituras musicales del libro que Violeta preparó en 1959, ilustrado con fotos de Sergio Larraín, donde recoge las investigaciones realizadas hasta aquel momento. Ese libro fue entregado por Violeta a la Editorial Nascimento de Santiago de Chile.

El testimonio de Soublette aparece en *Gracias a la vida*, trabajo de investigación sobre Violeta Parra que Bernardo Subercaseaux, Patricia Stambuk y Jaime Londoño publicaron en Buenos Aires en 1976.

fáciles. Cuando se quiera ver la influencia creadora de la genuina cultura popular sobre una artista verdadera, búsquese a Violeta Parra.

El segundo momento fue la fusión de su propia vida —como hemos visto, rica en experiencias, conflictos y relieves, desde los campos de Ñuble a los boliches de Santiago— con los valores culturales que investigaba, y la consiguiente superación temporal de esos valores en las canciones que entonces creó: la fidelidad al folklore no se paga repitiéndolo; se muestra superándolo creadoramente. Así lo hizo Violeta Parra.

La tapicería es lo hermoso de la vida

Tuve necesidad de hacer tapicería porque estaba enferma, tuve que quedarme en cama ocho meses; entonces no podía quedarme en cama sin hacer nada, y un día vi frente a mí un trozo de tela y empecé a hacer cualquier cosa, pero no pude hacer nada esta primera vez (...) La segunda vez, quise copiar una flor, pero no pude; cuando terminé mi dibujo, era un botella y no una flor; después quise poner un tapón a la botella y el tapón me salió como una cabeza, entonces dije: esto es una cabeza, no un tapón, le puse ojos, nariz, boca... La flor no era una botella, la botella no era una botella después, era una señora y esta señora miraba, entonces dije: es una señora que se pasa el día en la iglesia rezando. Entonces se llama La beata.

Semejante inquietud ante las cosas que cambian de forma o de significado han sentido muchos frente a las arpilleras de Violeta Parra[3]. Contemplando un guitarrista que no sabe (¿o sabe?) que más arriba, en la arpillera, la guitarra se le está convirtiendo en pájaro (¿en canción?); haciendo subir la mirada por el cuerpo de un Cristo que tiene el corazón de hilos amarillos abierto sobre el pecho, y que en el catálogo corresponde al título de *Cristo en bikini;* colocados frente a texturas y animales de sorpresivos colores, cabezas florecidas, flores en trance de ser aves, muchos que hasta entonces sólo conocían sus canciones, se preguntan: «¿Pero también en esto, esta mujer...?» Los puntos suspensivos son para adjetivos, verbos portadores del asombro, interjecciones, ruidos, sonrisas.

El trabajo de los bordados comenzó, ciertamente, con la anécdota de la hepatitis que la alejó de sus actividades habituales y la mantuvo en cama durante meses. Pero estas arpilleras de composiciones insólitas y co-

3. Las arpilleras quedaron en Chile cuando Isabel Parra tuvo que salir a fines de 1973. Posteriormente pudieron ser sacadas de Chile, y en 1976 la Galería Latinoamericana de la Casa de las Américas organizó con ellas la exposición *Violeta regresa a casa,* título que alude a una primera muestra, realizada en la misma institución, en 1971.

Refiriéndose a sus trabajos de arpilleras, Violeta había dicho en una entrevista de 1965 la frase que da título a esta parte del prólogo: *La tapicería es lo hermoso de la vida.* A continuación añadía que *la pintura no es lo hermoso de la vida: es el rincón triste de la vida, porque en ella trato de sacar lo más profundo que hay dentro de mí.*

lorido imprevisible no terminaron siendo el pasatiempo para una inmo-
vilidad transitoria: también ahí había un lenguaje para transmitir historias, sueños y conceptos.

La misma Violeta lo dijo en alguna entrevista: *Las arpilleras son como
canciones que se pintan.* Y por lo tanto, las incorporó a sus recitales. Desde
entonces el mundo sonoro —musical y literario— y el mundo plástico
de esta mujer se movieron al unísono: cantaba y exponía en el mismo sitio; decía una canción y amasaba una figurilla de cerámica.

Los sitios para exponer sus obras no existían dentro de las institucio-
nes especializadas. Estos lienzos que hoy maravillan —y llenan de cierto
sentimiento de culpa— a algunos representantes de la cultura oficial en
Chile, eran expuestos entonces en ferias al aire libre, donde su autora,
además, bailaba una cueca o freía una sopaipilla.

Esa voluntad y esa confianza en su obra —en su obra popular y, por
tanto, como ya hoy sabemos, nuestra— fue la que llevó a Violeta, con
guitarra y arpilleras, hasta París. Cuando, en abril de 1964, expuso sus
bordados, óleos y esculturas en el Museo de Artes Decorativas, aquel hecho representó un triunfo de nuestra cultura popular latinoamericana.
Este *Libro mayor* reseña, a través de cartas y testimonios, esta otra batalla de la voluntad de Violeta Parra[4].

En esta segunda estancia en Europa (la primera había abarcado de
1954 a 1956, después de su participación en el Festival Mundial de la Juventud y los Estudiantes que se celebró en Varsovia), Violeta también
publicó en la editorial Maspero su *Poesía popular y de los Andes,* que incluye
alguna de sus recopilaciones folklóricas.

Al mismo tiempo, Violeta actuó con sus hijos en Europa, grabó discos, viajó a Suiza, donde también tuvo su taller de trabajo, sus exposiciones y su amor.

4. Violeta no fue a París en busca de la última moda de la cultura cosmopolita, sino a mostrar e imponer
la canción chilena y la magia auténtica y popular de sus tapicerías y esculturas. En todo caso, la experiencia
de la lejanía reafirmó seguramente el amor por las cosas dejadas atrás: ver *Violeta ausente* y sus deseos de *ir por
Matucana / y pasear por la quinta / ir al Santa Lucía / contigo mi bien.* En un poema escrito en París, probablemente
en 1963, inédito hasta ahora, Violeta advertía y explicaba: *Desde que vine al mundo soy chilena / y debo atragantarme si comentan/ que la Violeta Parra es extranjera. / ¿Cómo voy a ser yo todas esas letras / cuando soy nada más que chillaneja?*

Me dio el corazón que agita su marco

Yo me llamo Violeta Parra, pero no estoy muy segura. Sólo que el clarinete está aquí delante de mis ojos. A lo mejor toca solo. Voy a verlo. Su madera es suave. Como es suave la piel de un tipo que dormía a mi lado y se lavaba los pies. ¿Es posible que un hombre se transforme en clarinete? Vuelvo a fines de septiembre para mi exposición en Lausanne.

Ven a buscar tu clarinete.
Tráeme mi guitarra.
Quiero despedirme de ti.
Se va la familia Parra.

Aquí hay una botella de vino y pan y salami y también una mujer muy fea, muy chiquitita, muy llorona, que no sabe nada de la vida, que no entiende nada, que no sabe de dónde le viene tanto golpe duro. Aquí está llorando porque no sabe qué pasa ahí fuera.

Con cartas como ésta, el *Libro mayor* viene a aportar elementos de primera mano para conocer, integralmente, las razones y pasiones de esta mujer que sabía tanto y nada de la vida[5].

El conjunto de cartas inéditas incorporadas al texto de este libro ofrecen información cercana, auténtica, emocionada y emocionante, de la estancia de Violeta en París, de la lucha por dar a conocer sus obras, de la soledad por el amor lejano.

Ese amor lejano se llamaba Gilbert Favre, era suizo y músico, había pasado por Chile en 1960 e inaugurado desde entonces la intensa relación amorosa, llena de chisporroteos e intermitencias, que estas cartas testimonian.

A partir de los textos de las canciones de este período y de noticias fragmentarias, se han trazado en ocasiones los rasgos de Violeta Parra atendiendo únicamente a las peripecias del amor y sus entornos.

Negar esos entornos —y negar, sobre todo, el amor que hacía frutecer canciones, arpilleras, pasiones, décimas y desengaños— sería negar a Violeta Parra. Tomemos entonces estas cartas y oigamos su voz hablándonos de esos temas.

Otros textos inéditos se unen a las cartas para entregar noticias, nuevos ángulos de la vida de Violeta en ese período —y de la vida de Violeta en general. Son poemas escritos en París, conservados hasta hoy en su letra manuscrita. Largos poemas o fragmentos, cartas de extensos versos

5. Las cartas de Violeta, junto con los poemas escritos en París, quedaron en poder de su hijo Angel. Angel tuvo que abandonar Chile, y las cartas y poemas pudieron ser sacadas en 1977.

dirigidas a su hermano Nicanor, donde envía amor a Chile desde Francia, o reclama noticias de aquellas gentes queridas:

La Rosa Lorca en Barrancas, ¿conserva su corazón?
Le zapateaba en el pecho cuando le dije mi adiós.
Así salía en la noche de luna o de oscuridad
a recibir una vida mientras otra se nos va.

Tomemos entonces cartas y poemas, papeles inéditos de Violeta, y situémoslos dentro del inmenso testimonio que fue su vida toda. Vida de la que Violeta fue, a su vez, una incesante, apasionada cronista, dispuesta siempre a *publicar la verdad / que and'ala sombra en la tierra.*

El juraméntico jamás cumplídico es el causántico del desconténtico

Recuerdo al poeta salvadoreño Roque Dalton respondiendo a la pregunta de un entrevistador con estas palabras: «El poeta es un testigo, sólo que un testigo corroído por la pasión». Roque fue asesinado en su «pequeña tierra amada» en 1975, mientras combatía por su liberación. No sé si conoció personalmente a Violeta, pero estoy casi seguro de que no fue así, después de confrontar fechas y lugares de exilio. Compartía, eso sí, el gusto por la poesía popular descarnada y sincera, por las coplas satíricas y por la manera intensa de vivir la realidad sobre y por la que testificaba desde su palabra y su pasión.

Pero, en cualquier caso, su definición puede servir para caracterizar todo el trabajo artístico de Violeta Parra. Ella fue la cronista activa y apasionada de su tiempo y de su realidad. En este *Libro mayor* puede seguirse esa vocación de comunicar ideas y situaciones, sentimientos y percances, alegría y conflictos, alrededor de las gentes y los lugares por donde pasó investigando, viendo y viviendo.

Ahí radica, sin duda, una de las grandezas de su trabajo: no sólo haber recogido, divulgado y recreado las formas musicales y poéticas de las regiones que visitó e investigó, sino también haber comprendido y apresado los tremendos conflictos sociales y humanos que subyacían en aquellos cantos y en aquellas vidas.

Esa característica coloca su labor mucho más allá de la actividad desplegada por aquellos investigadores que no han sido capaces de apresar

16

la vida que late —plena de dramáticos contrastes, expresión de la lucha de clases— en las formas artísticas y culturales que estudian.

Aunque no se trata, evidentemente, de hacer un censo de los elementos sobre los que Violeta testificó en sus canciones —tarea, por demás infructuosa y empequeñecedora, si se le limita a un rastreo mecánico—, es posible señalar, siquiera de pasada, algunos ejemplos.

Violeta dejó una crónica de la situación del indio chilote en *Según el favor del viento*. Aquí, como en otros casos, no se trata de una crónica por el resultado último de comunicar información sobre determinado hecho: la estructura misma de la canción, su carácter narrativo, sirven a esta función de cronista que Violeta asume cuando nos cuenta que *no es vida la del chilote, / no tiene letra ni pleito*, mientras lo acompaña en su barca, con el *pellín para calentarse / del frío de los gobiernos / que le quebrantan los huesos*.

En *Y arriba quemando el sol*, Violeta toma el sitio del minero para contarnos, desde adentro, su situación:

> *Cuando vide los mineros*
> *dentro de su habitación*
> *me dije: mejor habita*
> *en su concha el caracol,*
> *o a la sombra de las leyes*
> *el refinado ladrón...*

Esa toma de posición en favor de *los populáricos* —además de la justicia social y humana que encarna y reclama— hace posible que estas canciones se sitúen en el polo opuesto de la visión de postal turística, de visión «folklorista», de embellecimiento de las crudas realidades que las originan, para convertirse, realmente, en documentos artísticos y humanos de una estremecedora autenticidad, capaces de lograr una comunicación intensa y efectiva con su destinatario, con sus oyentes[6].

En ese proceso activo de intercambio entre realidad y autora, y entre autora y público, resalta la forma en que Violeta caracterizó las clases enfrentadas en la lucha. En *La carta*, canción que en ocasiones ha sido se-

---

6. En un texto al que después Isabel Parra pondría música (*Al centro de la injusticia*), Violeta había hecho esta irónica advertencia: *Linda se ve la Patria, señor turista, / pero no le han mostrado las callampitas.*

Patricio Manns, en su libro *Violeta Parra*, analiza este fenómeno de los grupos «folklóricos» estereotipados en el atuendo, los estilos y los temas.

Este libro de Manns, publicado en 1977 por las Ediciones Júcar de Barcelona, combina los recuerdos personales, el periodismo y el ensayo para ofrecer una valiosa visión de la personalidad de Violeta y de su contexto histórico y cultural.

ñalada como el primer ejemplo de tema «social» dentro de su obra, se expresan con toda claridad las tensiones y la violencia de la lucha de clases:

... me viene a decir la carta
que en mi patria no hay justicia,
los hambrientos piden pan,
plomo les da la milicia; sí.

y se caracterizan, «a la chillaneja», con la síntesis y la gracia de la imaginación popular, a las clases detentadoras del poder:

De esta menera pomposa
quieren conservar su asiento
los de abanico y de frac
sin tener merecimiento...

Contra los aparatos represivos se enfrentan esas *aves que no se asustan / de ánimas ni policía,* que hicieron confesar a Violeta en el título de una de sus canciones: *me gustan los estudiantes.*

A su actividad incesante y vital en la lucha del lado del pueblo, a su representación de la juventud y lo nuevo, dedicó Violeta esa canción gozosa de denuncia. En ella se declaran los enemigos contra los cuales combaten esos *pajarillos libertarios, / igual que los elementos:* policías, sotanas o regimientos, engaño y mentira (*le dicen harina / sabiéndose que es afrecho*), ignorancia y oscurantismo (*descubren lo que se esconde / adentro del confesorio*).

No es extraño ni casual que esta canción de Violeta fuera la columna vertebral de un vibrante documental al que también dio título, realizado en Uruguay a finales de la década del 60, que en sus imágenes callejeras, filmadas en las barricadas donde los jóvenes enfrentaban los ataques policiales, mostraba la misma certeza que la voz de Violeta cuando nos canta que los estudiantes son *la levadura / del pan que saldrá del horno / con toda su sabrosura / para la boca del pobre / que come con amargura.*

La vocación de cronista de su realidad y de su época puede hallarse en decenas de ejemplos como éste, en líneas situadas dentro de una canción de «otro tema», o envuelta en la ternura personal y humana con que Violeta Parra fundía vida, obra y pasión populares al proclamar la necesidad de guerrilleros como Manuel Rodríguez *cuando nos venden la patria / como si fuera alfiler.*

Así llamó Violeta la atención en su crónicas cantadas, en sus canciones de raíz y vocación tan testimoniales, sobre las dramáticas realidades

18

de su patria y de su continente. Y fue ésta, sin duda, una actitud consciente, nacida de la comprensión y de la vivencia de tales tragedias[7]. Muchas veces se ha citado esa especie de declaración de principios que hace Violeta cuando nos advierte, guitarra en mano: *Yo canto la diferencia / que hay de lo cierto a lo falso. / De lo contrario, no canto,* y que se ratifica en esta otra poética, ubicada en sus décimas autobiográficas, populares y sabias:

Si escribo esta poesía
no es sólo por darme gusto,
más bien por meterle un susto
al mal con alevosía;
quiero marcar la part'ía,
por eso prendo centellas,
que me ayuden las estrellas
con su inmensa claridad
p'a publicar la verdad
que and'ala sombra en la tierra.

---

7. Violeta explicó en una entrevista realizada a mediados de la década del sesenta: *En Chile hay periódicos que no son amables conmigo, los de derecha, de la burguesía. Para ellos, la palabra folklore es casi una cosa racista. Yo soy una mujer del pueblo. Y cada vez que me ocupo de política, esas personas se enfadan conmigo. Quisieran que fuese solamente cantante.*

Por supuesto que Violeta «se ocupaba también de política» cuando «solamente» cantaba: expresando los problemas y las ansias de las clases populares, señalando por sus nombres a los opresores, definiendo *el causántico del descontento,* las canciones de Violeta han sido movilizadoras de la conciencia popular en Chile y en todo nuestro continente.

Pero en la actividad política más práctica y concreta también Violeta participó desde muy joven, cuando administró un almacén de abastecimientos en el gobierno de don Pedro Aguirre Cerda. Años más tarde, en 1964, cuando uno de los ministros de aquel gobierno, Salvador Allende, se presentaba como candidato presidencial, Violeta Parra escribía desde Santiago en una carta: *La Chabela se ve un poco mejor que allá [en París]. Ha trabajado en la campaña presidencial y en recitales. Ahora está grabando discos. Yo también tengo la intención de hacerlo apenas me mejore.* Y al otro día termina la carta dando las últimas noticias: *Ayer, 4, hemos pasado el gran susto. Perdimos las elecciones. Frei salió elegido y todos los allendistas tenemos pena.*

Sin embargo, la mejor prueba de la actividad política de Violeta Parra la ofrece sin duda la noticia aparecida en el diario «El Mercurio» del 2 de octubre de 1973. Según las disposiciones del Intendente Militar de la Provincia, la población Violeta Parra pasaría a denominarse Población Brigadier Luis Cruz Martínez, «como manera de hacer justicia a los valores propiamente nacionales y dar término a las designaciones políticas, tanto extranjeras como del país».

O, como ya había cantado Violeta años atrás: *Perdóneme el auditorio / si ofende mi claridad. / Cueca larga militar.*

Artista y público: El milagro del contacto

Algunos críticos han señalado que después de la muerte de Violeta existe una especie de «complejo de culpa» entre muchos de los que la tuvieron en Chile, bordando, componiendo y cantando, y no se dieron cuenta de lo que eso significaba[8].

En el fondo se trata del piadoso acto de contrición de una concepción de la cultura y de las clases dominantes que propugnan e imponen esa concepción.

Lo cierto es que ignoraron a Violeta y le negaron respaldo y ayuda material porque les era ajena —y les era hostil—. Violeta representaba —por la temática de sus obras, por sus búsquedas y hallazgos en las auténticas fuentes del folklore, y por la forma y la intensidad con que establecía comunicación con su público— los valores, las vicisitudes y las esperanzas de las clases populares.

Era una cultura *otra* la que Violeta investigaba, enriquecía y divulgaba.

Por ello, no encontraba apoyo en los representantes de la cultura oficial, elitista, ni en los organizadores de los medios masivos de comunicación.

Ya en 1954 Violeta había demostrado las posibilidades y el alcance de la difusión masiva de sus investigaciones folklóricas —y de sus propias canciones puestas en función de ese fin— en un proyecto excepcional dentro del panorama de entonces: el programa «Canta Violeta Parra», de Radio Chilena, promovido por Raúl Aicardi y escrito por Ricardo García. Este *Libro mayor* incluye testimonios sobre este suceso cultural y una documentación ya hoy histórica: fragmentos de uno de sus libretos originales.

Esa valiosa excepción confirma la regla. El programa —que se proponía una acercamiento riguroso y ameno a la cultura popular expresada en canciones y costumbres— duró alrededor de un año.

Mucho más tiempo duró el desdén de los manipuladores de los medios masivos de comunicación. La fabricación propagandística y el lanza-

---

8. «Después de su muerte los actos de mea culpa no se dejaron esperar y ahora todos, un poco arrepentidos, queremos tener un disco de Violeta Parra o una arpillera, queremos ordenar sobre una mesa sus poemas y empezar a trabajar sobre ellos para ir descubriendo que lo que hizo esta mujer fue algo mucho más serio de lo que nadie se imaginó», escribe Juan Andrés Piña en la introducción ya citada. El desdén hacia el trabajo de Violeta se torna aún más irritante cuando recordamos que va dirigido contra alguien que afirma: *No veo la diferencia entre el artista y el público: es el milagro del contacto.*

miento de cualquier cantante de segunda fila ocupaba más tiempo y recursos que la divulgación de la obra artística de Violeta Parra.

Lo maravilloso y lo aleccionador es constatar, desde hoy y desde aquí, su respuesta: buscar y utilizar vías eficaces y directas para llegar a su público, a su pueblo.

En esa tensión entre las negativas oficiales a la difusión sistemática y eficaz de sus obras y la sostenida decisión de no renunciar a hacerlo por cualquier vía, Violeta confirmó en estos años finales de su vida (que coinciden, en su caso, con los de la plenitud artística) una visión integral de su trabajo: borró huellas entre géneros y modos de revelar la realidad; declaró su propósito de acercarse más aún a la gente:

Estoy muy contenta de haber llegado a un punto de mi trabajo en que ya no quiero ni siquiera hacer tapicería, ni pintura, ni poesía, así, suelta. Me conformo con mantener la carpa...

La carpa era la Carpa de La Reina, y fue el terreno en que Violeta puso en práctica por última vez esa forma integral de difusión de sus artes que —como contraste involuntario ante la sofisticación creciente de los medios masivos de comunicación— adquiría un carácter muy cercano a lo primitivo, con ese poderoso encanto de lo ingenuo y lo vital, y en el que la producción y la difusión artística perdían mucho de la enajenación que la sociedad mercantil les ha impuesto históricamente en las sociedades divididas en clases.

Violeta había regresado a Chile en junio de 1965, después que la televisión suiza filmara en Ginebra un documental sobre las múltiples facetas de su creación artística. Ya en Santiago, canta con sus hijos Isabel y Angel, y con los folkloristas Rolando Alarcón y Patricio Manns, en la Peña de los Parra, habilitada por estos jóvenes compositores e intérpretes a comienzos de ese mismo año, y donde poco después se incorporaría Víctor Jara.

Después de grabar su disco *Recordando a Chile*, Violeta participa en la feria de la Exposición Internacional de Agricultura, con una carpa móvil en la que instala su peña folklórica. De esa experiencia saldría la idea de instalar de manera estable una carpa para realizar su trabajo artístico integral, y así lo hace.

El terreno disponible aparece en un lugar poco céntrico, de escasas facilidades de transporte para sus futuros visitantes. Pero Violeta dirige y realiza las instalaciones imprescindibles para que esa carpa de circo albergue mesas, sillas y braseros, y desarrolla, ya allí, una actividad febril: compone, canta, anima, esculpe, borda, cocina, recibe a los visitantes, realiza giras y viaja de vez en cuando a Bolivia, donde Gilbert Favre ha instalado una peña folklórica y ha fundado un grupo musical integrado por indígenas del Altiplano.

El sábado tuve 150 personas en la carpa. Tenemos comida para el público: asaditos, empanadas fritas, sopaipillas pasadas, caldo, mate, café, mistela y música (...) Hice un brasero redondo en la tierra alrededor del palo central, bien grande. Diez teteritas y muchos fierros llenos de carne. ¡Qué maravilla es mi carpa ahora!

El entusiasmo palpitante que transmite este fragmento de una de sus cartas era lo que Violeta oponía a las pequeñeces y mezquindades con que algunos miraban su proyecto y su trabajo, y a la desidia u hostilidad que éstos originaban en los predios de la cultura oficial. El uruguayo Alberto Zapicán, que trabajó junto a Violeta en este período, ha contado cómo muchos de los vecinos adinerados de los alrededores de la carpa acostumbraban a quejarse del «ruido» —y cómo nunca entraron para averiguar qué se hacía allá adentro—. Y también cómo los carabineros llegaban a revisarlo todo —incluso la habitación de Violeta— con supuestas acusaciones de que allí se vendía licor sin permiso.

El trabajo en la carpa se desarrolló durante más de un año, entre la actividad febril de Violeta —a veces rota por crisis de desencanto— y las dificultades materiales para llevar adelante la empresa.

Hasta que el 5 de febrero de 1967, se hizo el disparo que le costó la vida.

Yo elegiría quedarme con la gente

Yo creo que el caso de Violeta Parra es uno de los más excepcionales e interesantes de cuantos se puedan presentar en el arte de Latinoamérica (...) Ella es lo más chileno de lo más chileno que yo tengo la posibilidad de sentir; sin embargo, es al mismo tiempo lo más universal que he conocido de Chile (...) Lo más genialmente individual y al mismo tiempo lo más genialmente popular (...) Era una fuerza que se hallaba cargada de una conciencia sumamente lúcida de su propio valer, y a través de éste, del valer, de la calidad de todo lo que ella había buscado y encontrado en las clases populares.

Esa fuerza que señalaba un profundo conocedor de estos asuntos, el peruano José María Arguedas, es la que seguramente anima, de forma activa y duradera, la herencia de Violeta Parra. Este *Libro mayor* suyo quiere contribuir a que esa herencia «se propague por toda la población», reuniendo la más completa muestra de su obra múltiple y nuestra, unida al hilo de su vida: firmemente unidas obra y vida, su primera enseñanza.

Un libro casi siempre se está haciendo durante mucho tiempo. A veces, mucho más tiempo del que somos capaces de calcular. Así pasa también con este *Libro mayor:* lo empezó Violeta en Ñuble, lo llevó por Chile y por el mundo, lo escribió en cuadernos y guitarras, lo exhibió en aceras y salones de museos, lo cantó, lo disfrutó, lo sufrió, lo vivió.

Si hoy es libro reunido, papeles puestos en algún orden, tiempo vuelto a contar, es porque Isabel Parra lo fue recopilando y rescatando. Y porque Haydée Santamaría, directora de la Casa de las Américas, lo alentó durante años, al calor de la admiración y el cariño que sentía por Violeta, difícilmente traducibles en las palabras finales de un prólogo.

Con ese cariño y esa admiración saludamos, en su *Libro mayor,* a esta Violeta Parra nuestra, latinoamericana y popular, sufriente y gozosa y combativa como la vida misma, y a su amorosa decisión de quedarse para siempre con nosotros.

VÍCTOR CASAUS

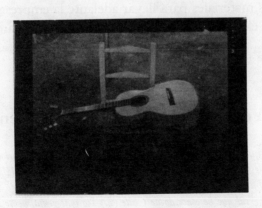

1

Primero pido licencia
pa' «transportar» la guitarra;
después digo que fue Parra
quien me donó la existencia;
si me falta la elocuencia
para tejer el relato
me pongo a pensar un rato
afirmando el «tuntuneo»,
a ver si así deletreo
con claridez mi retrato.

ISABEL

Mi madre, Violeta del Carmen Parra Sandoval, nació en San Carlos, provincia de Ñuble, al sur de Chile, el 4 de octubre de 1917. Mi abuela, Clarisa Sandoval, era campesina y viuda al casarse con el abuelo Nicanor que era profesor de música.

Los hermanos de Violeta son: Nicanor, Hilda, Roberto, Eduardo, Lautaro, René Elba, y Polito; sus medio-hermanos, Marta y Olga.

En las *«Décimas»* Violeta cuenta de su infancia, que transcurre en Lautaro en el barrio Villa Alegre, y habla de sus padres, abuelos y parientes...

25

Aquí presento a mi abuelo,
señores, demen permiso:
él no era un ñato petizo,
muy pronto van a saberlo,
en esos tiempos del duelo
versao fue en lo de leyes,
hablaba lengua de reyes,
usó corbata de rosa,
batelera elegantosa
y en su mesa pejerreyes.

VIOLETA

Mi padre era un profesor primario, era el mejor folklorista de la región y lo invitaban mucho a todas las fiestas. Mi madre cantaba las hermosas canciones campesinas, mientras trabajaba en su máquina de coser.

Mi taita fue muy letrario.
Pa' profesor estudió
y a las escuelas llegó
a enseñar su diccionario.
Mi mamá como canario
nació en un campo florío;
como zorzal entumío
creció entre las candelillas;
conoce lo qu'es la trilla,
la molienda y l'amasijo.

VIOLETA

Aunque mi padre no quería que sus hijos cantaran —cuando salía de su casa escondía la guitarra bajo llave—, yo descubrí que era en el cajón de la máquina de mi madre donde la guardaba y se la robé. Tenía siete años. Me había fijado cómo él hacía las posturas y aunque la guitarra era demasiado grande para mí y tenía que apoyarla en el suelo, comencé a cantar despacito las canciones que escuchaba a los grandes. Un día mi madre me oyó, no podía creer que fuera yo.

Semana sobre semana
transcurre mi edad primera.
Mejor ni hablar de la escuela;
la odié con todas mis ganas,
del libro hasta la campana,
del lápiz al pizarrón,

del banco hast'el profesor
y empiezo a'mar la guitarra
y adonde siento una farra
allí aprendo una canción.

Dice mi mamá que fui
su guapa más donosita,
pero la suerte maldita
no lo quiso consentir.

Empezó a hacerme sufrir,
primero, con la alfombrilla,
después la fiebre amarilla,
me convirtió en orejón.
Otra vez el sarampión
el pasmo y la culebrilla.

Contra su pecho, mi mama
me defendía furiosa,
como una joya preciosa,
como una florida rama.
Su tibia fald' en mi cama
era muy grande consuelo.
La veo con sus desvelos,
humedeciendo mis labios;
la fiebre me daba agravios,
la sed me quita el resuello.

ISABEL

La familia de Violeta tiene que irse después al sur, en busca de trabajo.
Son los tiempos de la dictadura de Ibáñez.

Por ese tiempo, el destino
se descargó sobre Chile;
cayeron miles y miles
por causa de un hombre indino.
Explica el zorro ladino
que busca la economía;
y siempre la cesantía,
según él lo considera,
manchando nuestra bandera
con sangre y alevosía.

Fue tanta la dictadura
que practicó este malvado,
que sufr'el profesorado

Violeta a los doce años, con su hermano
Eduardo.

la más feroz quebradura.
Hay multa por la basura,
multa si salen de noche,
multa por calma o por boche,
cambió de nombre a los pacos;
prenden a gordos y flacos
así no vayan en coche.

Los niños ya no son niños,
son pájaros espantados,
le temen a los soldados
como a las bestias en piño.
Este recuerdo me ciño
al centro del corazón,
concédanme la ocasión
para decir crudamente,
que Ibáñez, el presidente,
era tan cruel como el León *.

ISABEL

En 1932, con quince años de edad, Violeta se va de su casa a encontrar a su hermano Nicanor, que ya vive en Santiago, donde es inspector *ad honorem* en un colegio.

Del momento en que llegué
mi probr'hermano estudiante,
se convirtió, en un instante,
en pair'y maire a la vez.

Me lleva a una sastrería
me compr'un lindo uniforme,
se considera conforme
del verme de azul vestida;
en una paqueterida
mercerizados café,
enagua seda crepé,
zapatos de cabritilla;
cambiaba la sopaipilla
del momento en que llegué.

* A Don Arturo Alessandri Palma, presidente de Chile (1920-1925 y 1932-1938), lo llamaban «el León de Tarapacá».

Regreso muy orgullosa
a casa de mi pairino,
me miran con desatino
me deshojaron la rosa;
si ellas siguen fastidiosas
yo me hago l'interesante,
me dicen qu'estoy flamante
par'ingresar a l'escuela,
contempla su parentela
mi pobr'hermano estudiante.

No sé de qu'están hablando,
pero me siento inconforme
mirándom'el uniforme;
parece qu'estoy llorando
mi hermano lo va notando,
defiende con gran desplante:
la niña es un'aspirante
a un curso de madurez,
la situación al revés
se convirtió en un instante.

Al otro día temprano
llegó com'un profesor,
con libros un gran montón
y un mapamundi en la mano;
con aire de soberano
m'entreg'un libro de inglés,
un cuaderno de francés,
debo embarcarme en las lenguas
se vuelve cuando me arenga
en paire y maire a la vez.

ISABEL

En Santiago, Violeta estudia un par de años en la Escuela Normal. Posteriormente llega el resto de la familia a la capital.

Se reproduce allí la situación ya conocida: buscar un trabajo que no aparece.

Violeta comienza a cantar en los boliches de los barrios populares, junto con su hermana Hilda.

En uno de esos boliches, «El Tordo Azul», Violeta conoce a mi padre, Luis Cereceda.

Lo vi por primera vez
en una gran maquinaria
por la vía ferroviaria
de Yungay a la Alameda,
con una chaqueta nueva
de cuero, por la ventana;
talán talán la campana
retumba en mi corazón
por el joven conductor
que me hace mil musarañas.

ISABEL

Ahí se relacionan. Se casan en 1938.

En los boliches Violeta cantaba boleros, rancheras, corridos, alguna música española: la música repetida, estereotipada de estos lugares. Mi padre no quería que ella siguiera cantando; la quería dedicada a la casa. Violeta se oponía a esto, a pesar de que en esos lugares pasaban cosas terribles, como ella misma nos ha dejado dicho en sus décimas.

También viene a mi cabeza,
como una vista brutal,
un martes al aclarar
se llevan a la Teresa
entre nueve, y a la fuerza
l'arrastran Mapocho abajo
sacándole los refajos,
mientras se hacen que no ven
unos que dicen amén
por no entregarse a los tajos.

Yo debo seguir cantando
pues paga la clientela,
mas la voz se me congela;
la Tere ya está gritando,
se le oyen de cuando en cuando,
cada vez menos los gritos;
más tarde se oyen los pitos
del vigilante atrasa'o
corriendo desafora'o
pero después del delito.

Al otro día los diarios
anuncian con letras gruesas
que hallaron una Teresa
muerta por unos barbarios.

30

¿Qué sacan del comentario
si no ha de poner remedio
al bar qu'es un cementerio
legal, como bien se sabe,
el código enfermo grave
sordo y mudo a estos misterios?

El código es un deshecho
de puntos muy singulares;
en contra del que no sabe
va la sentencia derecho;
el que lo aplica es un hecho
que tiene títulos varios:
conserva'or o vicario,
alcalde o taita de grupo,
terrateniente macuco,
industrial o comisario.

Cuestión de matar la perra
se acaba la levería;
que se abra una chichería
cuando abran miles d'escuelas,
menos gente a la rayuela,
menos patentes de alcoles;
potreros con más frejoles
es lo que aquí se reclama,
pa'l pobre una buena cama
y un cielo con arreboles.

ISABEL

Mis primeros recuerdos se remontan al año 1945. Ya estábamos de regreso en Santiago, después de habernos ido por un año, toda la familia, a Vaparaíso: había nacido Angel.

Nuestra casa era la primera de un cité, casona antigua de grandes habitaciones. La vida transcurría en el patio bajo una enredadera de madreselva y cerca de la mesa estaban los maceteros, flores y cebollitas en escabeche que mi padre cuidaba con devoción. Por su horario irregular de trabajo y su tendencia a las fiestas fuera de la casa, lo veíamos tarde, mal y nunca.

La familia de mi padre vivía en el mismo cité, en la casa número 9. Mi abuela paterna era una señora dulce y flacuchenta y estaba casada en segundas nupcias con el Peyuco, de profesión caminero, de quien más tarde Violeta recordará sus «cuecas en tarros».

La Viola debe haberse aburrido muchísimo en esa casa. Nos llevaba tardes enteras al cine, hacía vestidos para sus amigas Liliana e Isabel. (Por esta amiga llevo yo mi nombre.)

En este mundo moderno
qué sabe el pobre de queso,
caldo de papa sin hueso.
Menos sabe lo que es terno,
por casa, callampa infierno
de lata y ladrillos viejos.
¿Cómo te aguanta el pellejo?
Eso sí que no lo sé.
Pero bien sé que el burgués
su pit'al pobre verdejo.

VIOLETA: En Chile hay periódicos que no son amables conmigo, los de derecha, de la burguesía.

Yo soy una mujer del pueblo. Y cada vez que me ocupo de política, esas personas se enfadan conmigo. Quisieran que fuese solamente cantante.

Pero hay personas muy abiertas en la burguesía que me aprecian. La tarea a realizar es unir a todo el mundo, y los enemigos a veces son más interesantes que los amigos.

La Viola me contaba que mi padre la arrastraba a fiestas o almuerzos en que ella se sentía absolutamente «fuera de foco». Esporádicamente se aparecían sus hermanos a entusiasmarla para salir a cantar por ahí.

En el año 46 comparte con mi padre, militante comunista, tareas políticas.

ISABEL

Por estos años, Violeta comienza a cantar canciones españolas. Se presentó a un concurso de canto español, en el teatro Baquedano de Santiago, y ganó el primer premio. Se hacía llamar Violeta de Mayo.

En la casa había discos de acetato que oíamos en una vitrola: Chopin, Beethoven, tangos de Carlos Gardel; corridos, pasodobles y cantos españoles. Aún me asombra la atracción que le producía a la Viola este tipo de música española y que fue mucho más allá de aquel premio. Ella cantaba zambras, pasodobles, sevillanas y farrucas, asesorada por Jesús López, un español que tenía su academia de danzas en Santiago. Yo cantaba sevillanas y jotas. Angel fue experto en farrucas.

Llegamos a actuar en la Compañía de un tal Doroteo Martí, supuestamente español, que arrasó con el gusto popular de aquella época y llenaba cuanto teatro se le ponía por delante. En una de sus obras, que culminaba con el casamiento de un príncipe gitano con una plebeya, Violeta de Mayo y sus retoños eran parte de la comparsa final.

Posteriormente nos contrató Buddy Day, empresario de una conocida confitería del centro de Santiago, «Casanova».

Con su hija Isabel en el salón Casanova (años 1946-47).

ISABEL

Mis padres se separan en el año 48.

Pregunta: ¿Y el padre de sus hijos, su marido?

VIOLETA: Estoy separada de él. No apreciaba mi trabajo y no hacía nada cuando estaba con él. Quería una mujer que le limpiara y le cocinara.

A los diez años cumplí'os,
por fin se corta la güincha,
tres vueltas daba la cincha
al pobre esqueleto mío,
y p'a salvar el sentí'o
volví a tomar la guitarra,
con fuerza Violeta Parra
y al hombro con dos chiquillos
se fue para Maitencillo
a cortarse las amarras.

ISABEL

Nos cambiamos de casa, de barrio y de escuela. Vivimos en una comunidad inventada por el tío Nicanor en la calle Paula Jaraquemada.

Poco después Nicanor parte a Estados Unidos y la comunidad se desintegra.

Violeta y sus hermanos vuelven a cantar en los boliches de barrio: en la hostería «Las Brisas», por la Gran Avenida, en la quinta de recreo «No me olvides», en la Avenida Ossa. Cantaban valses peruanos, guainitos, cuecas y tonadas de gusto y tono comerciales, mientras se insistía en el canto y baile españoles. Otras veces cantábamos en circos y entonces recorríamos pueblos y pVioluebluchos en estas giras. Ángel, a los cinco o seis años ya cantaba, subido a una silla, boleros de Leo Marini.

ISABEL

Violeta compuso en este período —entre 1948 y 1950— boleros, valses, cuecas, corridos. Aún recordamos algunos.

Bolero

... «*brillo de mar en tus ojos*
eco de arrullo tu voz
romero seco tu pelo
nadie me diga que no» ...

... «*te has ido dejando a ciegas mis ojos*
me quedo en las tinieblas sin tu amor
será la maldición que nos persigue
será ése el destino de los dos.

Presente yo te quise con locura
ausente yo te quiero más y más
no sé si tu alma sentirá lo mismo
saberlo será una felicidad» ...

Corrido

... «*tranquilo estaba mi perro*
la casa cuidandomé
cuando llegó la perrera
al perro llevaronmé
al quedar la casa sola
ladrones entraronsé
se llevaron a mi suegra
gran favor hicieronmé.
estribillo...
Dónde está el perro guau guau
yo no soy perro guau guau
tranquilo el perro
perro perro guau guau» ...

ISABEL

Violeta seguía trabajando con su hermana Hilda en los boliches. Para sus actuaciones utilizaban vestidos de segunda mano, comprados a la señora Amelita, quien a su vez los compraba a ciertas señoras aristócratas. Amelita era dueña de un taller de muebles. Allí trabajaba su hijo, Luis Arce, «El Mono», tapicero y aficionado al billar. Él fue el segundo marido de la Violeta.

Por este tiempo, con «El Mono», vivimos en la casa de la Amelita, después en un par de piezas en la calle Catedral, luego en el paradero 21 de la Gran Avenida, donde nace Carmen Luisa.

Cambiaban las casas; la situación económica seguía precaria.

La Violeta puso entonces un almacén de «puestos varios», con un capital misérrimo, y tuvo la mala ocurrencia de nombrarnos administradores a Ángel y a mí. Nos comíamos las conservas, fiábamos las verduras o cerrábamos y nos íbamos a ver películas.

Violeta andaba en sus ondas musicales, pero esta mala administración del almacén era castigada debidamente, sobre todo en mi caso, que era la mayor. Y quebró la empresa.

Por los años 50, ante el desconcierto familiar, Violeta rompe el dúo con su hermana. El tío Nicanor presiona y estimula a mi madre a que tome con rigor la auténtica música chilena. Ella decía siempre «Si no fuera por Nicanor, no habría Violeta Parra».

En busca de nuevas canciones.

Pregunta: ¿Recorrió usted su país para encontrar las canciones populares?

VIOLETA: Sí, durante 15 años. Tengo cajas llenas de cintas magnetofónicas grabadas en el campo, llenas de canciones interpretadas por los campesinos que acompaño a la guitarra.

Copiando canciones del folklore.

VIOLETA

Cuándo me iba a imaginar yo que al salir a recoger mi primera canción,
un día del año 53, en la Comuna de Barrancas (en Santiago), iba a aprender que Chile es el mejor libro de folklore que se haya escrito. Cuando
aparecí en la Comuna de Barrancas a conversar con doña Rosa Lorca,
me pareció abrir este libro. Doña Rosa Lorca es una fuente folklórica de
sabiduría. Es una mujer alta, gorda, morena, de profesión partera campesina. Es arregladora de angelitos, es cantora, sabe santiguar niños, sabe
quebrarles el empacho, sabe las palabras que hay que decir cuando hay
mala suerte en la casa. Detrás de la puerta de su casa tiene crucecitas de
palqui; sabe ahuyentar al demonio con unas palabras especiales; es decir,
es todo un mundo doña Rosa Lorca, de la Comuna de Barrancas.

ISABEL

Nos cambiamos a otra casa en Barrancas, mientras la Viola seguía «desenterrando folklore».

Después ella vio la necesidad de tener una casa y se «encalilló» comprando un terreno en el sector Larraín. La familia se sobresaltó con esa otra locura de la Viola: ya antes lo había hecho cuando ella decidió romper el dúo que formaba con su hermana Hilda. Nosotros estábamos contentos ante la posibilidad de tener un lugar nuestro.

Allí levantamos una rancha, con la ayuda del tío Roberto y del tío Juan, hermano de mi padre. Violeta dirigía la construcción. Trabajó codo a codo con los hombres. Agarró la pala y cavó un hoyo de casi ocho metros para el pozo séptico. No teníamos agua, la tomábamos de una llave que quedaba a una cuadra y robábamos la luz de los cables del alumbrado público.

Era verano y mientras esperábamos el techo de la casa, nos dormíamos mirando las estrellas.

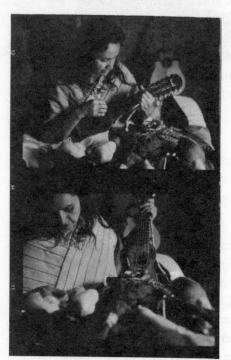

Pregunta: Pero, dígame: ¿usted es india?

VIOLETA: No, mi abuela era india, mi abuelo era español: así que yo tengo un poquito de india. Estoy enojada con mi madre porque no se casó con un indio.

De todas maneras, ves tú cómo yo vivo... un poco como los indios.

JOSE MARIA ARGUEDAS

... Yo creo que el caso de Violeta Parra es uno de los más excepcionales e interesantes de cuantos puedan presentarse en el arte de Latinoamérica (...). El arte que crean los negros, los indios, los mestizos, es considerado como un arte inferior. Por lo tanto, ese arte sirve para diferenciar a estos grupos, para segregarlos, e incluso para menospreciarlos. Por otro lado, y es una de las características generales del folklore, todo el arte que crea la gente que no ha conseguido llegar a las escuelas o a las universidades, que ha mantenido una fuente de inspiración en formas pasadas, como testimonios históricos de grupos llamados cultos o predominantes de las sociedades, también es considerado folklore, y también esto es un elemento diferenciante y hasta disgregante. Sin embargo, algunos artistas, grandes creadores, han logrado convertir estos elementos diferenciantes en elementos unificantes. (...)

Podríamos referirnos en el caso de Norteamérica, a cantantes como Robeson y Marian Anderson; en Europa a casos de compositores como Bartók o Manuel de Falla. Creo que Violeta Parra está en este nivel. Siempre como algo excesivamente audaz, como una herejía alternar ejemplos latinoamericanos con ejemplos europeos. Esto forma parte del colonialismo mental de nuestro país, del que creemos que nos hemos liberado, pero que aún pesa muchísimo, incluso en las personas que piensan con mayor audacia en la América Latina.

ISABEL

En 1953 compone y graba dos canciones que ya son ejemplos de su producción auténtica, populares, suyas: *Casamiento de negros* (a partir de una cuarteta popular), y *Qué pena siente el alma,* un vals folklórico.

Estas fueron canciones importantes para que Violeta fuera conocida ampliamente. Y para esto fue definitivo que en 1954 Raúl Aicardi la contratara en Radio Chilena.

RICARDO GARCÍA

Fue en el año 54 y se acababa de formar una emisora, Radio Chilena, dirigida por Raúl Aicardi, que había reunido en ese momento a los más importantes comentaristas de todo género de actividades culturales.

Todo este movimiento de gente que pretendía hacer una radio diferente, tenía en Aicardi una personalidad que impulsaba a descubrir cosas, a renovar todo. En ese ambiente aparecí un día para conversar con

39

Raúl y para hacerme cargo de una serie de programas que él me proponía. Uno de ellos sería de música folklórica. «¡Pero si yo no entiendo nada de folklore!» «No importa», me respondió, «hay una persona que es la que va a cantar y te va a enseñar de qué se trata cada canción. Lo que tú tienes que hacer es montar el programa a tu manera, y dar la información que ella te pase, en una forma radial». Quedé bastante preocupado y no sabía de quién se trataba, hasta que un día llegó a la radio esta mujer que era entonces, para el ambiente de la radiotelefonía, una especie de fantasma de otro mundo.

Aparecía con una vestimenta muy modesta, muy simple, de oscuro, con el pelo suelto, con un rostro picado de viruelas y una manera de mirar entre agresiva y tierna.

Aicardi me la presentó diciéndome: «Esta es Violeta Parra».

Yo·me acuerdo perfectamente de eso. Estábamos en la oficina de él y Violeta se instaló allí. Comenzamos a conversar de cómo debería ser el programa. Yo no la había escuchado cantar, no tenía idea de quién era ni cómo era. Fuimos al estudio. Ella había dejado allí su guitarra y empezó a tocar y la gente que estaba en la sala de control se fue acercando: algunos un poco espantados, asombrados. Era un canto totalmente distinto, nadie conocía ese estilo, esa forma de cantar.

Unos se reían, otros decían: «Cómo es posible que se deje cantar a una persona que todavía no sabe emitir la voz», etc. Toda clase de comentarios adversos por parte de algunos y, por parte de otros, una gran admiración e interés.

Era realmente algo diferente. El canto campesino así no se había dado en Chile. Sólo se conocía la personalidad de las hermanas Loyola.

Yo me quedé preocupado porque no sabía qué resultado tendría el programa.

CANTA VIOLETA PARRA
Libreto: Ricardo García
Programa Número Cinco

VIOLETA CANTA ESTROFA:
«Para qué te quise yo tanto...»

Así canta Violeta Parra.
Con ella hemos conversado tantas veces sobre su tierra, sobre sus canciones y costumbres. Y de todo eso, algo hemos aprendido. Por ejemplo ayer conversando y escuchando algo sobre la fiesta...

Se buscó eliminar las barreras que podrían existir en el público, entregando el programa de una forma muy cálida y muy humana. El estilo era semi-documental, con una historia de un hecho folklórico en cada audición. Por ejemplo: «El Mingaco», fiesta del sur de Chile...

... llamada «mingaco», me convencí una vez más que un hombre solo no vale nada. Y que cuando los hombres se unen, llevados por un impulso generoso, llevados por un deseo de paz y amistad, por un deseo de realizar cualquier cosa, pero de realizar algo, sólo entonces tienen el derecho de llamarse hombres. Podría contarles tal vez, para ser más claro, una breve historia. Una historia que podría comenzar cuando el viejo Domingo Aguilera quedó pensativo mirando las herramientas tiradas en el suelo.

El viejo Domingo Aguilera pensó en las veces en que ese arado había abierto vigorosamente la tierra. Sintió el olor de la tierra recién partida, pronta para recibir la semilla. Gastado estaba el filo del arado, acusando el paso de los años. Los hijos se habían casado y se habían ido ya, dejándole solo con las mujeres. Y ellas mal podían ayudarlo en la siembra, que siempre requiere de fuerza y de tiempo.

El viejo Domingo Aguilera se acordó entonces de los vecinos de allá del bajo.

Podrían realmente celebrar un «mingaco» y en unos tres o cuatro días sembrar las lentejas entre las viñas.

41

RICARDO GARCÍA

Violeta recogía la información necesaria, la llevaba más o menos elaborada y me la entregaba para hacer el libreto y determinar cuáles iban a ser las grabaciones que necesitaríamos montar: la cosa era describir la fiesta con participación de gente, de vida.

Grabación: Canto del loguelo

El viejo Domingo Aguilera rió también y no se arrepintió de haber aceptado que aquel Lupercio, malo para el trabajo pero bueno para los versos, se quedara en la casa. Nadie sabía de dónde había venido, pero hasta ahora, nada había que echarle en cara.

Y cuando era preciso hacer una loa, o decir una cuarteta para dar el pie a la cantora, ahí estaba siempre él.

Grabación: cuarteta
Décima por el mundo al revés

RICARDO GARCÍA

Nos situábamos en el lugar donde se desarrollaba el hecho folklórico, con los dichos campesinos, todo eso había que fabricarlo o prefabricarlo un poco, dar una pauta. Con esa pauta íbamos a una población o al campo o trabajábamos con los vecinos de Larraín, que en ese tiempo era un barrio muy alejado de Santiago. Reuníamos a la gente en la calle, los chiquillos comenzaban a gritar las cosas que les pedíamos, surgía un teatro espontáneo y se recogía así todo el sabor de la cosa viva, con ladridos de perro, ruidos del ambiente, de una zona de las afueras de la ciudad: así se iba conformando el programa y en medio de toda esa descripción se insertaban las canciones.

¡Después de esa polka, la cantora tenía que lucirse!

Y por eso seguramente cantó esta canción que ella había aprendido también de los labios de la abuela. Canción chilena con mucho sentimiento, y que habla de la suerte que es tan tirana.
La suerte que es tan tirana

RICARDO GARCÍA

A las pocas emisiones de este programa que se hacía una vez por semana el día viernes a las ocho de la noche y que se repetía grabado el domingo, la cantidad de cartas de felicitaciones que llegaban a la radio era verdaderamente tan impresionante que uno no podía creerlo, porque no estábamos trabajando con música popular en el sentido tradicional del término. Los comentarios de prensa que logramos eran algo totalmente inusitado en nuestro país: logró incluso comentarios editoriales en *El Mercurio*.

El programa avanzó durante más de un año, ganando mucha audiencia, hasta que la radio, desgraciadamente, se cerró por problemas internos.

Se había logrado imponer en un sector importante el nombre y el canto de Violeta Parra.

> *«Así canta Violeta Parra». Este programa fue escrito y hablado por Ricardo García. Realización técnica de Fernando Alegría y Jaime Bravo. Violeta Parra volverá a cantar el próximo viernes a las ocho y media de la noche. Hasta entonces...*

Pregunta: ¿Usted es muy conocida en Chile?

VIOLETA: Allí soy más conocida que las moscas.

2

VIOLETA: Haciendo mi trabajo de búsqueda musical en Chile, he visto que el modernismo había matado la tradición de la música del pueblo. Los indios pierden el arte popular, también en el campo. Los campesinos compran nylon en lugar de encajes que confeccionaban antes en casa. La tradición es casi ya un cadáver. Es triste... Pero me siento contenta al poder pasearme entre mi alma, muy vieja, y esta vida de hoy.

ISABEL

La Viola quiso convertirme en su secretaria y pretendió que yo respondiera las cartas que recibía. Eran miles, y llegaban de todos los puntos del país. Las poníamos en inmensos sacos y las llevábamos a la casa. Era imposible responderlas. Le pedían fotos y le agradecían el hecho de reencontrarse con su verdadera música, que muchos no oían desde su infancia. Eran cartas emocionantes y llenas de cariño.

Esa correspondencia era variada: desde el anciano campesino casi analfabeto hasta el sofisticado intelectual santiaguino. Además, esas cartas contribuyeron a calefaccionar nuestra rancha en los fríos inviernos de Larraín y a avivar la leña que calentaba el aceite donde la Viola freía las sopaipillas.

45

RICARDO GARCÍA

Para grabar los efectos sonoros y los diálogos que se proponían, lo importante era lo siguiente: el contacto que tenía Violeta con la gente. Era muy especial, conseguía cosas imposibles, como sacar de sus casas a los vecinos para que fuesen a hacer un poco de teatro. Esto es fácil hacerlo con niños, pero señoras y caballeros respetables se sumaban a la petición de ella, sin haberla visto jamás antes. Tenía un poder de convicción, un atractivo tan especial que yo no podía creerlo.

Pregunta: ¿Cuáles son sus relaciones con el público?

VIOLETA: No veo la diferencia entre el artista y el público: es el milagro del contacto.

Creo que estoy más cerca de mi público que el público de mí, porque canto para él, no para mí.

Tener un público es el resultado normal de mi trabajo.

Tenemos que justificar nuestra existencia y estoy segura que todo el mundo es capaz de hacer lo mismo que yo. Para mí, se trata de un deber.

RICARDO GARCÍA

Yo no podía golpear una puerta y decir: «Por favor, ayúdeme a hacer un programa...» Violeta lo hacía con toda tranquilidad y salía rodeada de toda la familia.

Íbamos a la casa de Violeta, grabadora en mano, una casa muy modesta, con piso de tierra. Generalmente estaban Ángel y la Chabela dando vueltas por allí. Y antes de trabajar nos instalábamos a tomar mote con huesillos, bebida típica chilena en el verano, que Violeta preparaba religiosamente a pedido mío.

Y ahí teníamos que resolver todos los problemas que las grabaciones nos traían. En una oportunidad teníamos que grabar un programa dedicado a los velorios de campo. Había que recurrir a varias personas, poetas populares, pero también necesitábamos otros elementos. Por ejemplo, la campana tocando «a muerto». No sabíamos qué hacer para que el párroco de Larraín tocara «a muerto». Fuimos a hablar con él. Ella le explicó de qué se trataba y le pidió que hiciera sonar la campana. El curita quedó dudando, la miró, y le dijo: «¿Sabe lo que podemos hacer? Espérese un poquito más, porque aquí al lado hay un vecino que está muy enfermo». Efectivamente, una hora después empezó a sonar la campana.

ISABEL

Una noche, en una recepción que se ofrecía a una famosa cantante chilena, «La Negra Linda», a quien llamaban «embajadora de nuestra música en el extranjero», actuaba Violeta.

Y sucedió que mientras cantaba sus cantos a lo divino, la vedette preguntó, entre sorprendida y contrariada, quién era esta mujer y si esos cantos eran cómicos o serios.

Otro día Violeta llegó muy deprimida a la casa. «¿Por qué?», le pregunté. «¿Qué pasa?» Y era que un «músico» de una radio la había agredido gritándole: «¿Dónde te robaste *La jardinera,* quién te va a creer que es tuya?...»

Esas eran cosas que le pasaban, por esta época, a Violeta Parra.

Si escribo esta podesía
no es sólo por darme gusto,
más bien por meterle un susto
al mal con alevosía;
quiero marcar la partí'a,
por eso prendo centella,
que me ayuden las estrellas
con su inmensa claridad
p'a publicar la verdad
que and'ala sombra en la tierra.

ISABEL

Violeta recorría las radios tratando de que tanto sus canciones originales como sus recopilaciones fueran incorporadas al repertorio de algunos cantantes de «música chilena». A veces, lograba sus propósitos.

Hasta la aparición de Violeta, existía en Chile una investigadora y folklorista, Margot Loyola. Como ha contado la propia Margot, las relaciones entre ambas eran conflictivas. Yo presencié buenos momentos entre ellas, también: eran comadres, Margot era madrina simbólica de Rosita Clara. Se mostraban las canciones que habían recogido, se hacían confidencias, y también discutían.

En 1954 Violeta recibió el Premio Caupolicán, como la mejor folklorista del año. El Premio le fue entregado en función de gala, en el teatro Municipal, por Patricio Bunster, coreógrafo, bailarín y profesor de danza. Patricio recuerda aún la imagen de Violeta recibiendo el Premio: lo tomó en sus manos y se lo puso en el pecho, y lo acarició como si se tratara de algo vivo.

Entonces recibe esta invitación:

Una mañana de junio
que brilla la capital,
bajo una lluvia invernal
camino sin gran apuro;
me detienen en el muro
del convento franciscano;
me tomaron de la mano,
me pasaron par'el frente,
me dicen galantemente:
al festival la invitamos.

Dejo botá' mi Nación,
mis crías y mi consorte;
ya tengo mi pasaporte
m'está esperando el avión;
penetrando en l'estación
un seremil de personas
me ruedan como corona
al verme sumida en llanto
porque'era mucho el quebranto
al partir para Polonia.

De nueve meses yo dejo
mi Rosa Clara en la cuna;
com' esta maire ninguna,
dice el marí'o perplejo;
voy repartiendo consejo
llorando cual Maudalena
y al son que corto cadena
le solicito a Jesús
que me oscurezca la luz
si esto no vale la pena.

América allí presente
con sus hermanos del África
empieza la fiesta mágica
de corazones ardientes,
se abrazan los continentes
por ese momento cumbre
que surge una perdidumbre
de lágrimas de alegría,
se baila y cant'a porfía,
se acaban las pesadumbres.

49

Todo está allí en armonía
el pan con el estrumento
el beso y el pensamiento,
la pena con l'alegría;
la música se desliza
como cariño de maire,
que s'embelesan los aires
desparramando esperanzas;
el pueblo tendrá mudanza
me digo con gran donaire.

Vamos entrando en Varsovia,
soy la feliz cenicienta
que va cayendo en la cuenta
que estoy como que de novia,
atrás quedó l'hidrofobia.
Viendo mi delegación,
mostrando su corazón
en pálpitos uniformes,
porque se sienten conformes
con este lazo de unión.

ISABEL

Violeta asistió al Festival Mundial de la Juventud y los Estudiantes, en Polonia, y después recorrió la Unión Soviética.

De regreso, llega a Francia.

Dormida crucé países
y campos desconocidos,
crucé montañas y ríos,
nubes suecas, nubes grises,
soñé momentos felices
con mis lejanos amigos,
con mi Santiago testigo
de gratas pasadas horas,
despierto al llegar l'aurora,
la Francia ya está conmigo.

Viví clandestinamente
con tres chilenos gentiles
lavándoles calcetines
cuatro días justamente;
de noche pacientemente
voy de bolich'en boliche
para pegar el afiche
del nombre de mi país;

Violeta en su primer viaje a Francia.

me abre su puerta París
como una mina'e caliche.

Ausente de mis amigos
me llaman desde l'Escale,
por números musicales
hacen contrato conmigo,
(momento más enemigo)
en ese humeante rincón,
p'a mi primera canción
se alzó como guillotina
que hacia mi cuello se inclina
si no aplauden mi función.

ISABEL

En los dos años que pasó Violeta en Francia en este primer viaje, cantó en L'Escale, una *boite* del Barrio Latino e hizo grabaciones en la Fonoteca Nacional del Museo del Hombre. La colección «Chant du Monde» recogió sus primeros dos discos LP con composiciones recopiladas por la Viola y otras creadas por ella misma.

Pero esta relación de éxitos indudables hay que verlos también a la luz de su añoranza por Chile. No hay más que ver *Violeta ausente*:

51

¿Por qué me vine de Chile
tan bien que yo estaba allá?
Ahora ando en tierras extrañas,
ay, cantando pero apenada.

Tengo en mi pecho una espina
que me clava sin cesar
en mi corazón que sufre,
ay, por su tierra chilena.

Quiero bailar cueca,
quiero tomar chicha,
ir al mercado
y comprarme un pequén.
Ir a Matucana
y pasear por la quinta
y al Santa Lucía
¡contigo mi bien!

ISABEL

Y de Chile le llegaban malas noticias. Le escribí contándole de la muerte de Rosita Clara.

Rosita se fue a los cielos
igual que paloma blanca,
en una linda potranca
le apareció el ángel bueno,
le dijo: Dios en su seno,
niña, te v'a recibir,
las llaves te traigo aquí,
entremos al paraíso
que afuera llueve granizo,
pequeña flor de jazmín.

Pequeña flor de jazmín,
del mundo vienes llegando;
aquí t'están esperando
la Madre y un querubín,
glorioso ha sido tu fin,
cuéntaselo a tu mamita
cuando ella esté dormidita,
así le darás paciencia,
valor y condescendencia
y resignación infinita.

52

Resignación infinita,
por voluntad del Señor
le quiso dar bendición,
tú eres la causa bendita,
apúrate palomita
que la Virgen del Carmelo
te ha de cuidar con desvelo,
lo mismo el ángel guardián;
los ángeles cantarán
el canto del arroyuelo.

El canto del arroyuelo
lo habrás de oír de mañana,
el coro de tus hermanas
v'a derramarse en los cielos,
de aquí verás que en los suelos
marcha tu maire querida,
tú irás en su compañida
en forma de mariposa
para cuidar afanosa
cuando se sient'afligida.

ISABEL

Violeta regresa a Chile en 1956. Contratada por Rubén Nouselles, del sello Odeón, comienza a grabar su primer disco LP de la serie El Folklore de Chile, *Violeta Parra Canto y Guitarra.*

Cuando regreso al país,
el alto montón d'escombros
que cae sobre los hombros
d'esta cantora infeliz,
no encuentro ni la raíz
de un árbol que yo dejara,
el diablo lo trasplantara
a un patio muy diferente,
me dice toda la gente:
se lo llevó su cuñada.

Entro en mi vieja casucha,
siento un nudo en las entrañas,
los grillos y las arañas
me van presentando lucha,
nadie m'esplica o escucha,
pregunto por cada cosa:
por mis botones de rosa;

por mi tejido a bolillo;
inútil respond'el grillo,
lo mismo la mariposa.

La memoria anda ausente
en las alturas del cielo
paloma emprendió su vuelo,
pa'mí nunca más presente.
Los mayores penitentes
me aguardan con su paciencia
dos años duró la ausencia
mas hoy están con su mama
con todos en una cama
disfruto con su presencia.

Total con calma y salud
voy enfrentando la vida
no debo estar afligida
veo lejos mi ataúd
algo tendré de virtud
como no ardo en maldiciones
de nuevo con mis canciones
voy a juntar centavitos
y plantaré otro arbolito
que me dé sombra y amores.

Por último les aviso
que Dios me quitó mi guagua
y echó a funcionar la fragua
que tiene en el Paraíso,
pasó por Valparaíso
y en una linda corbeta
que brilla como un cometa
me dice: en este vapor
me llevé tu hija menor,
pero te tengo una nieta.

Con su nieta Tita.

ISABEL

Violeta trabajaba en este período con Gastón Soublette, musicólogo chileno; con Enrique Bello, hombre de letras, director en este momento del Boletín de la Universidad de Chile y fundador de las primeras revistas culturales chilenas; con Tomás Lago, director del Museo de Arte Popular; con José María Palacios, director de programas folklóricos en la radio. Estas personas fueron algunas de las que con su ayuda impulsaron el desarrollo del trabajo de la Viola.

También por esta época intentó, en vano, que el Instituto de Investigaciones Musicales de la Universidad de Chile, financiara, apoyara y publicara su labor de investigación folklórica, a pesar de la simpatía que inspiraba este trabajo a algunos funcionarios de ese organismo.

Al menos, Violeta había podido adquirir una grabadora en Europa: así continuó su trabajo de forma menos penosa. Su hermano Nicanor, el fotógrafo Sergio Larraín o a veces Ángel, la acompañaban por los alrededores de Santiago en sus labores de recopilación e investigación. Felizmente, existe —en Chile— un libro, *Cantos folklóricos,* que reúne todo este fecundo quehacer, con partituras musicales de Soublette y fotos de Sergio Larraín.

Pregunta: ¿Y usted misma ha grabado estas canciones, al mismo tiempo que las interpretaba?

VIOLETA: Sí, he grabado aproximadamente 200. En Chile, he grabado siete long-playings. También grabé discos en los países que he visitado, en América del Sur y en Europa, sobre todo en Francia.

ISABEL

Violeta no sólo recopilaba las auténticas canciones del pueblo en sus trabajos de investigación folklórica, sino que también las divulgaba, o trataba de divulgarlas por cuanto medio le fuera posible.

Así, invitó a un organillero y a una banda circense para presentar «La Cueca» en el Salón de Honor de la Universidad de Chile: primera vez era aquella que se realizaba un acontecimiento artístico de esa naturaleza en la Universidad. Algunos funcionarios, naturalmente, se lamentaron de ese «atropello» a la Casa Universitaria, mientras el público, que sobrepasaba la capacidad de la sala, aplaudía de pie, saltando en una pata.

ÁNGEL

El año 1959, el rector de la Universidad de Concepción, David Stichkin, invitó a Violeta a que formara el primer museo de folklore de la zona.

Ella se instala entonces en esa ciudad, conmigo y con mi hermana Carmen Luisa.

Después de varios meses de preparación y recopilación de materiales, se inauguró este museo, que en la época contaba con dos salas, cedidas para este efecto por Tole Peralta, pintor, director y profesor de la Escuela de Bellas Artes, que estaba ubicada en la calle Caupolicán N.º 7 a un costado del cerro Caracol y frente al Liceo de Hombres (lugar en el que estuve interno algunos meses). Personalmente, pienso que Violeta en esta temporada sureña, vivió una buena experiencia en todo sentido. Las más bellas tonadas de amor del folklore, que ella dejó a todos los chilenos como herencia cultural, salieron de esa región. Cuecas como *Adiós que se va Segundo, La Mariposa,* que son de Hualqui, pequeña aldea que es paso obligado para ir a Yumbel y Concepción. El encuentro con parientes desconocidos, generosa familia Parra de Concepción, dueñas del bar «La Playa», en pleno barrio del mercado, artesanías, mariscos, Manuelito «el camionero», los Rodríguez, y la vieja Panchita que vendía toda clase de hierbas para los males a la salida del bar, y que en ese entonces decía tener cien años.

Recuerdo que mi mamá la perseguía con la idea de recopilarla entera, suponiendo que la Panchita sería un tesoro cultural, pero ella se negaba sistemáticamente. Un día la Panchita se acercó a la Viola muy sonriente y le dijo: «Ya Violetita, vamos a conversar y cantar cuando usted quiera». Mi mamá debe haber sentido una gran alegría por haber vencido la tozudez de esta única vieja de todo Chile que no se dejaba recopilar.

En la cocina se preparó la *mise en scène:* vinito pipeño de Florida (donde vivía una amiga de mi mamá que leía el destino en cartas de naipe chileno), mariscos de Lirquén, pan amasado y pebre que preparaba mi tía Olga, y todo esto para recopilar a la Panchita que ya cumplía 101 años.

Al finalizar la comida, la Viola dice: «ya pues, Panchita, cánteme alguna cueca o tonada de esas que escuchaba cuando niña». Y aquí viene lo sabroso. Yo ya me había dado cuenta de lo diabla que era la Panchita.

Tañendo con sus frágiles deditos sobre la mesa y entonando una melodía radial y comercial le agregó el siguiente verso: «Por la puta, puta, la puta de tu madre que te parió», repitiendo este verso varias veces, hasta que ella misma estalla en una carcajada casi infantil, y tomando su canastito de yerbas, se retira dejándonos a todos confusos en un principio y luego con ataque de risa. Ahí la Violeta se dio cuenta de que esta vieja era irrecopilable.

Pero volvamos a la Escuela de Bellas Artes y a su mundo interior. Digo interior, porque desde el director hasta nosotros, los recién llegados, pasando por Pancho Rodríguez, Julio Escámez, Santos Chávez, el chico Alfonso, Jorge Sanjinez, Consuelo su mujer, y otros que no recuerdo sus nombres, vivíamos todos en algunas piezas que rodeaban el patio o estaban cercanas a la escuela. Ahí entre causeos, pipeños, asados, cazuelas y otras exquisiteces regionales, se discutían las últimas novedades artísticas. Entremedio veo de repente rodar por el suelo a don Pablo de Rokha y don Daniel Belmar producto de una discusión literaria en que los argumentos de los contrincantes resultaron insuficientes. Recuerdo también cómo el naciente grupo de la Universidad de Concepción, que tantos buenos actores produjo posteriormente, ensayaba en una de las tantas salas de esta maravillosa casa. La obra se llamaba «Dos más dos son cinco» y era interpretada por Tennyson Ferrada y Luis Rojas Murphy y otros actores, entre los que seguramente estarían Nelson Villagra y Shenda Roman, que pertenecían al grupo. Pero lo que yo quiero contar es que mi hermana chica, Carmen Luisa, nos presentó sola la obra completa, porque ella había asistido a todos los ensayos y se sabía de memoria el papel de todos los actores, a quienes imitaba también las distintas voces y ese día nos dejó a todos con la boca abierta.

Por ésta y otras razones, decía yo que esta época fue muy importante para mi madre.

Un recuerdo especial a esos paseos a la laguna de San Pedro, con todos estos personajes ya nombrados, Gonzalo Rojas, Hilda, Alfonso Alcalde y la Viola preparando una pierna de cordero, tortilla de rescoldo, y Olguita Muñoz, excelente soprano, cantaba una melodía que la Viola había compuesto inspirada en una tela de Nemesio Antúnez y que se llamaba *Los manteles de Nemesio*.

Hasta aquí algunos recuerdos de esa época, veinte años después, en París.

3

ISABEL

De regreso a Santiago vivimos por un corto tiempo en una casa que dejara el pintor chileno José de Rokha, hijo de Pablo de Rokha, gran poeta y gran amigo de Violeta, quien de paso por París subía dificultosamente los cinco pisos de la rue Monsieur le Prince para comer los platos chilenos que mi madre le preparaba sagradamente cada día.

En realidad los dueños de esta casa de Pepe de Rokha eran Luis Hernández Parker y su mujer, quienes se incomodaban por los pantagruélicos desayunos de Violeta con longanizas de Chillán, cuyas emanaciones folklóricas invadían la casa a las 7 de la mañana.

Nos cambiamos a un departamento de la calle Ejército.

Allí vivía con nosotros doña Rosa, campesina del sur, pero se volvió pronto al campo, por esta razón definitiva: desde aquel departamento no veía la luna.

Por esta época eran constantes los encuentros de Violeta con Pablo Neruda; iba a cantar a su casa y él le escribió su hermosa *Elegía para cantar*.

...entró Violeta Parón
violeteando la guitarra,
guitarreando el guitarrón,
entró la Violeta Parra...
Pablo
Neruda

ELEGÍA PARA CANTAR

Ay, qué manera de caer hacia arriba
y de ser sempiterna, esta mujer!

De cielo en cielo corre o nada o canta
la violeta terrestre:
la que fue, sigue siendo,
pero esta mujer sola
en su ascensión no sube solitaria:
la acompaña la luz del toronjil,
el oro ensortijado
de la cebolla frita,
la acompañan los pájaros mejores,
la acompaña Chillán en movimiento.

Santa de greda pura!

Te alabo, amiga mía, compañera:
de cuerda en cuerda llegas
al firme firmamento,
y, nocturna, en el cielo, tu fulgor
es la constelación de una guitarra.

De cantar a lo humano y lo divino,
voluntariosa, hiciste tu silencio
sin otra enfermedad que la tristeza.

Pero antes, antes, antes,
ay, señora, qué amor a manos llenas
recogías por los caminos:
sacabas cantos de las humaredas,
fuego de los velorios,
participabas en la misma tierra,
eras rural como los pajaritos
y a veces atacabas con relámpagos.

Cuando naciste fuiste bautizada
como Violeta Parra:
el sacerdote levantó las uvas
sobre tu vida y dijo:
«Parra eres
y en vino triste te convertirás».
En vino alegre, en pícara alegría,
en barro popular, en canto llano,
Santa Violeta, tú te convertiste,
en guitarra con hojas que relucen
al brillo de la luna,
en ciruela salvaje
transformada,
en pueblo verdadero,
en paloma del campo, en alcancía.

III

Bueno, Violeta Parra, me despido,
me voy a mis deberes.

Y qué hora es? La hora de cantar.

Cantas.
Canto.
Cantemos.

ISABEL

Y a cantar y bailar se fue la Viola, en 1958, el norte de Chile, contratada
por la Universidad, para ofrecer unas clases de folklore. Me invitó y me
fui con ella. Después de estos cursos, que culminaron con éxito y donde

dejamos bailando cueca como a doscientas personas, nos fuimos a Arica, puerto libre, y nos gastamos todo lo ganado en ropa, cosméticos, alimentos importados, balones de nylon, conjuntos de lana inglesa, chalecos de cachemira, camisas de cotelé, jabones para lavar, de escamas, condimentos yanquis y por supuesto grandes cantidades de jabón Camay, termos y lápices labiales y cremas mágicas que garantizaban un rostro inarrugable. Lo pasamos fantástico. En el mejor hotel de Iquique la consigna de la Violeta, que yo apoyaba entusiastamente, era: «De esto quiero y de esto no quiero».

Ese mismo año, con los derechos de autor llegados de Estados Unidos, producto de su *Casamiento de negros,* grabado como tema instrumental por la orquesta de Lex Baxter y con el título de «La melodía loca», la Viola hizo construir la Casa de Palos, en la calle Segovia, Larraín.

Los intelectuales chilenos gustaban de juntarse por esa época, a mediodía, en un café del centro de Santiago, el «Sao Paulo». Violeta hizo de este lugar su centro de operaciones. Allí hacía contactos de trabajo y se relacionaba con una gran cantidad de personas, amistades que perdurarán en el tiempo: Leopoldo y Carmen, Olga y Enrique, Ariana, la Tere y la Lola, Juanco, Pepe, Enrique y Rebeca, Enrique hijo, Coco, Perico, Fernán, Santiago y Flor, Jorge, Roser, Braulio, José Ricardo Simone y tantos otros.

Ahí conocimos a un estudiante de teatro, llegado del sur, que cantaba y tocaba la guitarra: se llamaba Víctor Jara. Siempre iba a la Casa de Palos, a mostrarle sus canciones a la Viola y ella, a su vez, le enseñaba las suyas.

Ángel y yo, por un evidente proceso natural, estábamos ya iniciados en esta nueva corriente musical. Como yo no tocaba guitarra, la Violeta me acompañaba. Ángel mantenía, en cierta forma, su independencia acompañándose él mismo, y saltando las fronteras cantaba las milongas de Atahualpa, cuestión que la Viola no aceptaba. Por esa época ella era exclusivista de nuestra música.

• Yo había grabado ya varios discos *singles* con sus canciones y comenzaba a sentir la inquietud natural hacia mi propio quehacer, que hasta entonces había estado determinado por ella. Ni siquiera me había propuesto convertirme en folklorista, artista o cantante, aunque la idea no me creaba conflictos. Por otra parte, Violeta estimulaba y canalizaba la continuidad de sus empeños, pues aseguraba que nosotros teníamos «dedos pa'l piano».

La Viola comenzó a extender lo que hacía hacia otros campos: empe-

62

zó a hacer cerámica y a pintar en cartones. Estos cartones eran gigantescos, y se los proporcionaba un cuñado que trabajaba en la «Papelera». La casa comenzó a llenarse de esta nueva producción, que consistía en temas campesinos, escenas de fiestas, figuras humanas, pintadas con témpera. Después es que empezó a pintar con óleo sobre tela.

Pregunta: ¿Tienes niños?

VIOLETA: Tres niños: Ángel, Isabel, Carmen Luisa y yo que toco mientras bailan. Isabel y Ángel cantan, trabajan solos en Chile y se desenvuelven muy bien...

Foto superior: Violeta con sus tres hijos y la nieta. *Foto inferior:* Isabel y Angel.

63

Pregunta: ¿Con qué hace usted esta máscara?

VIOLETA: Con pedazos de cartón mojado; ... no tenía dinero para comprar pintura... entonces me dije... tengo que inventar un material que no se venda en el comercio... que encuentre aquí en el patio.

Cuando hago esto pienso en ti, yo te miro un poco sin que tú lo veas. Es así, me gusta hacer mi trabajo.

Pregunta: Pero aun cuando usted ha visto muy poco a la gente, ¿llega a captar?

VIOLETA: Ah, si percibo un sentimiento de alguien que es sensible y gentil, no puedo quedarme tranquila... y hago algo. No puedo explicar... no puedo explicar nada, solamente hacer con las manos lo que la emoción transmite.

ISABEL

Violeta trabajó con Sergio Bravo, cineasta del Departamento Audiovisual de la Universidad de Chile: compuso la música de varios documentales con temática chilena. Un día la Viola se enteró de que Sergio necesitaba música de piano y que se la había encomendado al compositor Gustavo Becerra. Violeta se puso furiosa, se compró un piano, lo llevó a la casa, e inventó su propia manera de tocarlo. Lo mismo hizo con el arpa después.

También compuso la música del film *La Tirana,* de los cineastas Jorge Di Lauro y Nieves Yanković, basada en una fiesta pagana-religiosa del norte de Chile.

Y en septiembre levantó su ramada en el Parque.

El Día de la Independencia, 18 de septiembre, se celebraba con fiestas populares en lugares abiertos: se arrendaba un terreno y se levantaba la ramada. Allí se cantaba y se bailaba cueca, de la mañana a la noche, se ofrecía ponche y bebidas chilenas durante los tres días que duraba la fonda.

Con camas y petacas nos trasladábamos al lugar. Era un trabajo agotador, de contacto directo con el público.

Angel, Rolando Alarcón, Isabel y Víctor Jara.

Violeta atendía a la gente, cantaba y bailaba cueca con ellos.

A pesar de ponerse afónica al segundo día, le encantaba ese ajetreo. Ahí nos ayudaban otros cantores: Gabriela Pizarro, Rolando Alarcón, Héctor Pavez y sus hermanos, Víctor Jara. Se pasaban también los documentales de Sergio Bravo. Y todo esto en una atmósfera llena de vida. La primera fonda fue en la Quinta Normal. Anteriormente celebrábamos lo que se llamaba «el 18 chico», por los alrededores de Santiago.

Después viajó al extremo sur, a la isla de Chiloé, donde organizó recitales, cursos de folklore, cerámica, pintura y recopiló el folklore local.

Violeta participó en la Primera Feria de Artes Plásticas del Parque Forestal.

Los artistas plásticos y los artesanos levantaban sus *stands* y exponían sus trabajos a la orilla del río Mapocho.

Allí Violeta hacía sus pinturas y cerámicas delante del público, cantaba y tocaba la guitarra.

Por supuesto que para algunos de los organizadores de la feria aquello era algo insólito, e intentaban prohibir que la Viola metiera ruido en aquel lugar.

Y ese mismo año, 1960, su hermano Nicanor grabó *Defensa de Violeta Parra.*

DEFENSA DE VIOLETA PARRA

Dulce vecina de la verde selva
Huésped eterno del abril florido
Grande enemiga de la zarzamora
Violeta Parra.

Jardinera
      locera
           costurera
Bailarina del agua transparente
Arbol lleno de pájaros cantores
Violeta Parra.

Has recorrido toda la comarca
Desenterrando cántaros de greda
Y liberando pájaros cautivos
Entre las ramas.

Preocupada siempre de los otros
Cuando no del sobrino
          de la tía
Cuándo vas a acordarte de ti misma
Viola piadosa.

Tu dolor es un círculo infinito
Que no comienza ni termina nunca
Pero tú te·sobrepones a todo
Viola admirable.

Cuando se trata de bailar la cueca
De tu guitarra no se libra nadie
Hasta los muertos salen a bailar
Cueca valseada.

Cueca de la Batalla de Maipú
Cueca del Hundimiento del Angamos
Cueca del Terremoto de Chillán
Todas las cosas.

Ni bandurria
        ni tenca
                ni zorzal

Ni codorniza libre ni cautiva
Tú
     solamente tú
            tres veces tú
                  Ave del paraíso terrenal.

Charagüilla
         gaviota de agua dulce
Todos los adjetivos se hacen pocos
Todos los sustantivos se hacen pocos
Para nombrarte.

Poesía
     pintura
          agricultura
Todo lo haces a las mil maravillas
Sin el menor esfuerzo
Como quien se bebe una copa de vino.

Pero los secretarios no te quieren
Y te cierran la puerta de tu casa
Y te declaran la guerra a muerte
Viola doliente.

Porque tú no te vistes de payaso
Porque tú no te compras ni te vendes
Porque hablas la lengua de la tierra
Viola chilensis.

¡Porque tú los aclaras en el acto!

Cómo van a quererte
     me pregunto
Cuando son unos tristes funcionarios
Grises como las piedras del desierto
¿No te parece?

En cambio tú
    Violeta de los Andes
Flor de la cordillera de la costa
Eres un manantial inagotable
De vida humana.

Tu corazón se abre cuando quiere
Tu voluntad se cierra cuando quiere
Y tu salud navega cuando quiere
Aguas arriba!

Basta que tú los llames por sus nombres
Para que los colores y las formas
Se levanten y anden como Lázaro
En cuerpo y alma.

¡Nadie puede quejarse cuando tú
Cantas a media voz o cuando gritas
Como si te estuvieran degollando
Viola volcánica!

Lo que tiene que hacer el auditor
Es guardar un silencio religioso
Porque tu canto sabe adónde va
Perfectamente.

Rayos son los que salen de tu voz
Hacia los cuatro puntos cardinales
Vendimiadora ardiente de ojos negros
Violeta Parra.

Se te acusa de esto y de lo otro
Yo te conozco y digo quién eres
¡Oh corderillo disfrazado de lobo!
Violeta Parra.

Yo te conozco bien
                    hermana vieja
Norte y sur del país atormentado
Valparaíso hundido para arriba
¡Isla de Pascua!

Sacristana cuyaca de Andacollo
Tejedora a palillo y a bolillo
Arregladora vieja de angelitos
Violeta Parra.

Los veteranos del Setentaynueve
Lloran cuando te oyen sollozar
En el abismo de la noche oscura
¡Lámpara a sangre!

Cocinera
            niñera
                    lavandera
Niña de mano
                todos los oficios
Todos los arreboles del crepúsculo
Viola funebris.

Yo no sé qué decir en esta hora
La cabeza me da vueltas y vueltas
Como si hubiera bebido cicuta
Hermana mía.

Dónde voy a encontrar otra Violeta
Aunque recorra campos y ciudades
O me quede sentado en el jardín
Como un inválido.

Para verte mejor cierro los ojos
Y retrocedo a los días felices
¿Sabes lo que estoy viendo?
Tu delantal estampado de maqui.

Tu delantal estampado de maqui
¡Río Cautín!
       ¡Lautaro!
             ¡Villa Alegre!
¡Año milnovecientos veintisiete
Violeta Parra!
Pero yo no confío en las palabras
¿Por qué no te levantas de la tumba
A cantar
       a bailar
             a navegar
En tu guitarra?

Cántame una canción inolvidable
Una canción que no termine nunca
Una canción no más
           una canción
Es lo que pido.

Qué te cuesta mujer árbol florido
Álzate en cuerpo y alma del sepulcro
Y haz estallar las piedras con tu voz
Violeta Parra.

Esto es lo que quería decirte
Continúa tejiendo tus alambres
Tus ponchos araucanos
Tus cantaritos de Quinchamalí
Continúa puliendo noche y día
Tus tolomiros de madera sagrada
Sin aflicción
          sin lágrimas inútiles
O si quieres con lágrimas ardientes
Y recuerda que eres
Un corderillo disfrazado de lobo.

ISABEL

Una violenta hepatitis lleva a la Viola a guardar cama, inactiva: difícil tarea para Violeta Parra. Eso la lleva a iniciarse como arpillerista.

Violeta bordaba sobre cualquier material: ya fueran cortinas, sábanas, cubrecamas o manteles. No era extraño llegar a la casa y encontrar una ventana sin cortinas o una cama sin sábanas. Y era Violeta bordando. Mucha gente llegaba a la casa en esta época. Las reuniones con sus amistades eran algo permanente. Un día, en plena fiesta, Violeta repartió lana entre las parejas, para que la enrollaran. Al ritmo de la música enrollamos como treinta madejones.

Pregunta: Violeta, quisiera saber ¿por qué usted de repente ha escogido la tapicería?

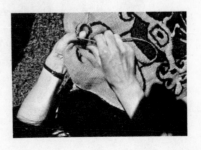

VIOLETA: Tuve necesidad de hacer tapicería porque estaba enferma. Tuve que quedarme en cama ocho meses; entonces, no podía quedarme en cama sin hacer nada, y un día vi frente a mí un trozo de tela y empecé a hacer cualquier cosa, pero no pude hacer nada esta primera vez, nada en absoluto: no sabía lo que iba a hacer.

ISABEL

Ángel y yo trabajábamos en la televisión que comenzaba en Chile, contratados por el pionero Raúl Aicardi. Nuestro trabajo consistía, dentro de un equipo de 10 personas, en barrer el estudio, llevar el cable, armar la escenografía, cantar y dirigir programas.

Violeta realizó los primeros programas de folklore en la TV chilena. La TV no tenía presupuesto y prácticamente trabajábamos sin sueldo. Junto a nosotros trabajaba Adriana Borghero, locutora y gran amiga nuestra.

A las oficinas de la TV, que funcionaban en la Casa Central de la Universidad, llegó un día un gringo —como llamamos a todo extranjero en Chile— preguntando por la Violeta Parra. Alguien le había contado que sus hijos trabajaban allí. Con las dos palabras que hablaba en español, me contó que viajaba por América Latina con un grupo de antropólogos, que había oído hablar de la Violeta, y que quería conocerla. Le hicimos un plano para que llegara a la casa, le indiqué que tomara el bus 55 y partió.

Ese día era 4 de octubre de 1960, y era el cumpleaños de la Violeta. Cuando llegué esa noche a la casa, tenían una tremenda fiesta de a dos. Gilbert Favre se quedó allí varios años.

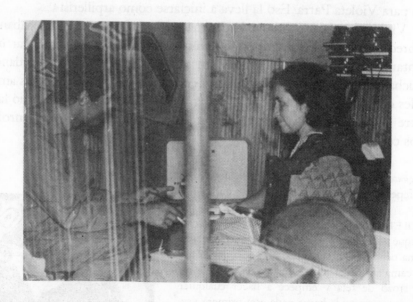

4

Lunes 4 de agosto de 1961

Gilbertito:

Tengo frío; son las nueve de la mañana. Todas las mañanas tiemblo de frío. Cayó nieve y no hay sol, el frío penetra en mis huesos y en mi alma. Me falta mi Gilberto. La casa está llena de flojos que duermen y comen. Yo soy débil y no resisto el peso de tanta gente. Tú eres mío y me ayudas con tu cariño. Pronto salgo a la calle más sola que nunca y volveré con más frío y más triste. Así he vivido años, fría muy fría y sola. Los meses contigo fueron más buenos que malos. Tú me quieres y me comprendes. Ven. Ya veremos cómo se arreglan las cosas entre los dos. Si tú me olvidas será terrible, si yo te olvido, peor. Si estamos juntos se puede salvar algo del todo. Es una tontería que no estés en casa. Es fea la casa sin ti.

Yo no quiero recibir comida nada más que una vez al día. De repente no comeré nada más. Tengo una rabia con todo. Trabajo poco. Se fue la alegría, se fue por el desierto. La casa de madera está llorando. No tiene sentimiento la guitarra. Estar separados es como estar muertos. Un día me canso y salgo a vivir. He estado muerta años de años. Esclava del trabajo y del país. ¡Ven, te digo! después iremos juntos por el mar y el desierto. La lluvia será dulce. ¿Qué hago sin tus manos feas? No tengo a nadie. Tú tienes a Vitervo. Que venga contigo. Quiero preparar un asado para él.

¡Vengan! les digo. Nunca supe que tenía un amigo en Arica.
Te quiere,

Violeta

73

Chinito mío:

Espérate lo más que puedas en Arica, porque es posible que tengas que regresar a Santiago. La exposición está detenida, por los movimientos políticos de Brasil. Se puede hacer en este momento, pero no tiene la importancia de tiempos de paz. Se hace el 10 de octubre. Mejor porque yo puedo sacar mi asunto del dieciocho tranquila. Esta es mi cuarta carta para Arica. En Lima tienes otra. Los días van pasando y yo me voy sintiendo más triste y más sola. Estoy preocupada por ti. No quiero que sufras tú.

La vida está como parada en Santiago; hace cinco o seis días que llueve estúpidamente. Ayer salí a la calle, volví como salida del mar, muy mojada. No me gusta el paraguas. Parece que se anda con la casa al hombro, prefiero que me caiga el agua sobre mí.

Voy a tener que empezar a copiar de nuevo los cartones, porque cada año hay en Santiago la exposición industrial y ganadera en la Quinta Normal. Ya tengo el terreno pedido para mi presentación de pinturas, arpilleras y óleos. Trabajaré en greda delante del público. Enseñaré a bailar cueca y cada tarde un recital folk. Esta fiesta dura diez días. Será muy lindo si tú estás conmigo. Se venderá todo tipo de trabajos de arte popular y serán diez días de actuación ininterrumpida. Yo te contaré todo lo que va pasando, hasta el momento en que yo te llame. Dios quiera que todo vaya bien...

Violeta

Gilbertito querido:

Me gusta mucho cuando viene el cartero con tus cartas. Yo me paso esperándolo. Parece que usted no recibió todas mis cartas. Yo te escribí seis cartas con ésta. Por fin Gilberto, se fueron los flojos argentinos. Anoche yo les dije de irse. No podía más. Ahora la casa es completamente en calma y limpia. El tiempo es mejor, y yo cada día mejor de mi salud. Ayer vino Nicanor a verme y me invitó a su casa, porque el sol era muy amarillo y muy tibiecito. Yo fui porque era muy feliz con tus cartas. Nicanor lee y le gusta mucho. Yo me tomo en su casa la primera copa de tinto del año. La segunda yo la quiero tomar contigo. Nicanor me habla de una pieza de teatro, «El Cuidador»; lo que me cuenta es formidable. Tres personajes: un enfermo mental, un vagabundo y un hermano del enfermo. El vagabundo es como todos los vagabundos y las consecuencias cuando una persona le invita a vivir en su casa. Es interpretado muy bien y creo que por la primera vez, se abre para el teatro en Chile, una inmensa puerta. La obra es de Harold Pinter, inglés, pero el tema es de cualquier país. Yo la vi anoche, es mi primera salida, muy sola, yo tenía muy helados los pies en el teatro y deseaba mucho estar contigo. Es indispensable que tú la veas.

El guión de tu película es muy lindo. Esa idea de araña mariposa es muy poético. El final me parece que hay que pensarlo muy bien. ¿Es indispensable un final? Yo creo que no. Es un pasaje de la vida y punto.

También aquí hay trabajo, es cuestión de buscar y aceptar. Ya ves que has encontrado en Arica. Pregúntale al negro.

Si aquí un día tú sales al fondo de Santiago decidido a trabajar en lo que sea, estoy segura que encuentras trabajo.

Sí, chinito, yo quiero terminar mi trabajo y hacer volar por el jardín una mariposa completa. Todavía no le he quitado unas patas horribles que se me olvidaron quitar y hay una cola con pelos. Yo no soy responsable

Con Gilbert. Favre (1964)

de este medio animalito que parece mariposa pero que algo falta para ser mariposa. Pregúntale al negro. Tiene una ala inconclusa, y sólo puse una antena y en el ala entera, me olvidé de un color y de un dibujo, ya ves que es peligroso si no termino mi trabajo. Mira las patas de la araña como se ven de feas. Mira los pelos, mira esas tripas. No, no. Es absolutamente indispensable que yo termine mi obra.

Mis dedos tienen un anillo imaginario. Yo lo puedo ver con mis ojos mágicos. Se ve mi cara fea en el brillo de mi anillo. Me veo como una línea amarilla. Mi dedo es delgadito, más delgado que el de la Gabi. Pregúntale al negro.

Yo quiero viajar contigo para reírme de las arañas. Yo quiero viajar contigo, para terminar mi pajarillo. No quiero un pajarillo descolorido. El árbol tampoco lo quiere. El viento lo desconoce, el sol no lo saluda. Pregúntale al negro. Anda tonto entiende cuando te hablan, no digas más tarde que no te lo dije. El negro es testigo. Tengo unos papelitos y unos hilitos, y unos clavitos, y unas cintitas, todo muy lindo para armar mi trabajo en el fondo de tu alma. Tú eres vida, yo soy vida. Las máquinas son cosa muerta. No tienen sangre.

Apúrate. Soy tuya hueso por hueso, vena por vena, pelo por pelo.

Violeta

ISABEL

En el 61 Violeta viaja a la Argentina, a Buenos Aires. Allí expone pinturas, actúa en televisión y ofrece recitales en el Teatro I.F.T. También graba un disco con canciones suyas.

Mi hijito:

Me gusta tanto que me escribas en francés. He leído con mucha alegría tu carta. Sólo cuando hay una palabra difícil, tú me pones la traducción entre paréntesis. La carta de hoy la comprendí perfectamente literal y espiritualmente. Hoy es un día muy duro para mí. Tengo el corazón oprimido por lo lento de mis trámites, en esta ciudad de porquería, pero no me dejaré aniquilar. Tú me ayudarás desde allá con tu cariño, con tu trabajo y con tu comprensión. Si puedes venir será magnífico. Seremos la pareja más feliz de la tierra.

Sí, Gilberto, soy de fierro muy duro y de voluntad inquebrantable. Estoy sufriendo por irme, pero así resistiré hasta que este país se ablande y sepa y sienta que yo ando por aquí. Yo no vengo a lucirme. Yo quiero cantar y enseñar una verdad, quiero cantar porque el mundo tiene pena y está más confuso que yo misma. Los argentinos necesitan de la verdad sencilla y profunda del canto americano. ¿Cómo voy a irme tranquila si aquí hay un desorden descomunal? Mis trabajos son una verdad simple y alegre dentro de la tristeza que hay en cada uno de ellos. Yo soy un pajarito que puedo subirme en el hombro de cada ser humano, y cantarle y trinarle con las alitas abiertas, cerca muy cerca de su alma. Cómo voy a irme sin haberlo intentado por lo menos. Compréndeme, Chinito. Si tú puedes venir será la maravilla, juntos les haremos frente a esto. Ya tengo cuatro matrimonios que están armando su departamento y que te comprarían lámparas y móviles. He sabido que hay móviles con sonido. Il faut faire atention.

Yo creo que juntos podemos hacer ahora la gira por Sudamérica. Es la ocasión. Piénsalo. La cabeza me da mil vueltas y millones de agujas de fuego asoman a mi piel. Pero estoy flaca y mañosa. También estoy regalona como una gata. Tú me has despertado, como cuando se despierta a medianoche para comerse un durazno dulce y fresquito. ¡Qué barbaridad!

Ayer se me terminaba el último dinero y viene una señora actriz y me compra la máscara de Pablo, me pagó 4.000 pesos, con este dinero tengo para diez días.

Quiero tanto que veas mis nuevos trabajos y no tengo quién me haga los bastidores para mis arpilleras. ¡Ay que tengo rabia, Gilberto, porque las cosas no son rápidas! Raúl Aicardi tiene un libro de décimas mías que yo le regalé, que me lo preste, porque puede que aquí se publique todo. Traer todo papel con décimas. Todas las cintas. Diapositivas de todos mis trabajos, traer todo lo que consideres interesante, todos mis discos grandes y chicos, los que yo tengo, la gente lleva tiempo en revisarlos y me quitan velocidad.

Te besa fuerte.

Violeta

Petit Gilberto:

A ratos me da la fuerza y quiero volver al tiro. ¡Pucha que sufro sin ti! Sin embargo, no debo irme todavía. Ayer pasó una cosa formidable.

77

Horacio Guaraní, es un cantor folklórico y del pueblo, es famoso, y me conocía desde cuando yo pasé por Argentina para Europa. Me llamó, hablamos y me ayudará en la publicación de mi música para guitarra y parte de mis cantos recopilados y otros cantos míos. Es una noticia sensacional como ves. Cuéntale a Nicanor. Yo creo mijito, que usted tiene que venir a verme, porque cómo voy a salir de aquí si yo veo un camino que se abre con luces de todos colores. Tú eres mi compañero, mi hombre, mi amor, y sabes comprender todo esto. Me pasó una cosa muy buena. Conocí a un pintor argentino espléndido como ser humano, en cinco minutos captó mi problema y me ha regalado 13 telas preparadas y 15 pomos de pintura importada carísima y pinceles. Yo no podía comprar todo esto y ahora tengo para trabajar toda la semana. ¡Qué maravilla Chinito! Ya tengo la galería donde exponer, sería a fin de mes, creo yo, tienes tiempo de llegar y de quererme. ¿Qué hay de mis cuadros que me tiene el Thiago? El martes tengo que empezar a grabar mi música. Por el momento estoy metida en estas malditas arpilleras que me quedan tan lindas. ¡Ay Chinito, qué pena! Por lo menos cuando te escribo me consuelo un poco.

No vuelvas a pensar que yo me porto mal. Por favor.

Bueno mi lindo, quedo esperando tus noticias.

Violeta Parra

Querido Gilberto:

Ya ves como yo tenía razón al esperar un poco. Ha llegado mi hora. Me han conseguido un hermoso teatro de 700 localidades, para dar uno, dos o tres recitales. Bueno, ahora se trata de que tú llegues a tiempo con el tejido a bolillo, los santos, mi cuaderno de cantos, ése con tapas negras, arpilleras y algunas telas de óleo. El recital es el 27 de abril a las 9,30 de la noche, con gran propaganda y asistencia de críticos, periodistas y el mejor grupo de artistas de Buenos Aires. Los vestidos campesinos también los necesito. Quiero que hables con Sergio y que le pidas «Mimbre». Enrique Araya está en Chile, es el Agregado Cultural, él puede traerlas en su valija diplomática. El recital será con Exposición. Será muy importante el 27 para mí. ¿No querría Nicanor venir en su auto, con la Chabela, el Ángel, la Luisa y tú? Yo le devuelvo los gastos de bencina y los recibo en mi hotel. Sería una maravilla. Dile que yo estaría tan contenta con ustedes ese día glorioso. Necesito el poema Violeta Parra, urgente.

Ayer terminaba de pintar mi última tela cuando apareció mi nuevo amigo, que traía 7 telas de regalo. Son chiquititas, pero cuatro más chiquititas, tendré que pintar miniaturas. Me reí mucho cuando vi estos cuadritos tan chiquitillos. ¡Para la Titina, pensé!... Y los voy a pintar, yo no sé qué voy a hacer todavía como tema, pero ya lo veré.

Me gustaría tanto dar mi recital con mis hijos. ¡Sería la locura! Si Nicanor no puede venir, se vienen todos en tren, son tres recitales primero, después serán muchos. Los periodistas están completamente locos conmigo. La gente me habla en la calle, porque la tele es definitiva. Ya soy una cosa sabida y conocida.

Hay posibilidades de tres teatros, es decir, ha llegado la hora para mí. Para el camino y experiencia de mis hijos sería importante, de paso la Chabe que no conoce nada tiene la posibilidad de mirar otro país y otro modo de vivir y otra forma de gente. Es interesante para mis críos. Y luego la invitación de Uruguay. Santiago no es todo el mundo. Haremos ver vacas rosillas a los argentinos y los iremos a dejar al puente «los morros» porque aquí «cualquiera canta en una mata de hojas».

Llegó la hora mi lindo. No dejarla pasar, sacarle el jugo, yo me encargo de todo, hay que apurarse. Hay que volar. Por el momento, que vaya Chabelita a cobrar a Odeón. El dinero es sagrado para los pasajes. Solamente para los pasajes. Ellos pueden viajar unos tres días antes del recital. Tú tienes que venirte al tiro, porque yo no puedo más sin ti, quiero mirarte y hablarte y quererte.

Vas a estar muy contento cuando veas el montón de trabajo que tengo. Ya tengo pagado mi hotel hasta el día 20. Estoy tranquila. Sólo que tú me faltas mucho, lo mismo que mis críos, mis hermanos y mi madre. Será un gran día el 27 con todos los míos. Que Raúl les dé permiso y plata. Es justo, normal. Ahora voy a despedirme porque tengo que poner rápido la carta, para seguir en mis miles de asuntos.

Te abraza y te besa tu mujer que te quiere de verdad.

Violeta Parra

Corazón mío:

¡Tanto esperarte, tanto soñar contigo, tanta ilusión!
Toda la gente del hotel sabía que vendrías. ¿No vino tu marido? Me pre-

guntan. No, no vino, tengo mucha pena, pero va a venir, contesto, él me quiere a mí solita, él me adora.

Y es la verdad.

Ahora tengo muchas cartas en mis manos. Son muy lindas tus palabras.

Mi pieza está llena de mis trabajos. Pongo toda mi alma en cada uno de ellos, para que te gusten, para que me quieras más y más.

He encontrado una forma de ser humano. Yo no sé si será bueno, pero son muy lindos y muy divertidos. Con medio metro de cuello y coloreado como a pedacitos, parecen esos que hay en las iglesias, pero muy míos.

Ahora estoy trabajando en un cuadro de una cantora. Es mi Chabela, salió igualita, con una trenza de todos colores, cuando la termine voy a hacer al Ángel y luego a Luisita.

Lo del Lalo me da mucha pena. Dile que ahora tiene que venir él a buscarme. ¿Cómo va la Clarita? Me parece estupenda la idea de mi mamá de quedarse en la casa cuando tú vengas. Claro que Roberto se haga cargo también, y que por favor no tome ningún trago, para que yo pueda trabajar tranquila. Ay, Gilberto, que me duele esta separación.

Tengo algunas novedades. Dos programas en el canal 13, uno lo hago el 3 de abril y el 10. Si el asunto marcha me contratarán dos programas más, o tres. Haré dos funciones en un teatro.

Primera parte diapositivos en colores con mis pinturas y música de fondo (Anti-cuecas). Segunda parte, recital de música chilena.

Presenta Lautaro Murúa o el agregado cultural.

La exposición se hará en una galería muy importante, la persona encargada de esta galería ya vio mis trabajos, le gustaron.

Lo del disco Odeón está caminando. Esperamos sólo lo que diga por carta el gran Rubén. Ve a verlo. No quiero que viajes en tren, es muy lento. Trae las arpilleras sin la madera, lo mismo las pinturas y decláralas a la salida. En la aduana tengo un amigo, el señor Arteaga. Él me quiere mucho. Nicanor también lo conoce, vayan los dos y llévenle un disco mío, el último, él les entregará todos mis trabajos. Es muy bueno conmigo.

¿Y los pantalones famosos? El muchacho se llama Délano, Universidad Técnica del Estado (electrónica). Anda a pedírselos, son tres pares.

Hay que internar a Luisita. Contigo le mandaré muchos regalos. Ven luego, Chinito. Cuando te paguen gasta lo menos que puedas. Hay que cuidar la platita, hemos sufrido mucho cuando no hay. Agradezco mucho a mi mamá que te haya dado dinero. Salúdala a la vieja mañosa que se pasaba retándome como si yo no fuera pariente de ella. Dile que

La madre de Violeta.

cuide al Chepe que ella misma le saque el tumor que no se confíe de nadie. Nadie mejor que la madre va a sacarle los tumores a sus hijos.

Nicanor me debe unas líneas. Pregúntale cómo se llaman esos poetas uruguayos que yo conocí en su casa la última noche antes de partir. Porque juntos podemos ir a Uruguay, y dar algunos saltos mortales allá. Y mi vieja Amelia, ¿todavía haciendo ollas llenas de porotos? Cuéntame todo, todo, no te calles nada, nada.

Ahora voy a quedar más tranquila esperándote. Anoche no podía dormir.

¿Cómo está mi Titina? ¿Pasó a quinto ya? ¿Cómo se porta mi Carmensa? ¿Y mi Carmen Lolo?

Necesito verte y abrazarte.

Hace 70 días que salí de Chile. La verdad es que soy una suelta que ama a su Patria y sufre por ella.

¿Qué le pasa al Ángel que no le escribe a su madre?

Bueno mi amor, cóbrale a esos chanchos. Hace un escándalo y habla con Bunster. Dile todo. No me nombres a mí, pero dile lo que se refiera a tu trabajo.

Abrazos para todos.

Escríbanme todos.

Es increíble, Enrique Bello hablando de mí en la tele, y yo hablando de él en la tele también, abrázalo. Tuya únicamente.

Violeta

En primer plano, Isabel y Angel bailando la cueca; al fondo, Violeta con su nieta Tita. En un escenario de la República Democrática Alemana.

5

ISABEL

En junio de 1961 salimos de Chile Ángel, Quico, Tita y yo, rumbo al
Festival de la Juventud y los Estudiantes que se iba a celebrar en Helsinki, Finlandia. Pedimos a la Viola que viajara con nosotros y nos reuni-
mos con ella en Buenos Aires.

Hicimos el viaje en barco hasta Hamburgo. Violeta trabajaba febril-
mente, bordando sus arpilleras y enseñando a cantar y bailar cueca a la
delegación chilena. Gilbert viajaría más tarde y se nos reuniría en Europa.

En esos días la Violeta estaba muy ansiosa y exigente; nuestras relaciones eran muy difíciles. Ella era la figura central de un grupo improvi-
sado. Cantábamos y bailábamos el folklore chileno. Tita, mi hija de seis
años, era cantante y percusionista; acompañaba a su abuela con un gran
bombo comprado en Buenos Aires.

Después del Festival de Helsinki y de haber recorrido varios países,
nos fuimos a Génova para recibir a Marta, quien llevaría a Carmen Luisa
desde Chile.

Llegó Marta a reunirse con Ángel, pero no llegó la niña. Ahí se produjo un quiebre familiar y el programado viaje a París de todos no resultó. Violeta se fue a París sola y nosotros lo hicimos días después. Quico

se quedó en Italia. A la semana de llegar, logramos nos tomaran a prueba por 15 días en La Candelaria, una *boite de nuit* del Barrio Latino. Allí trabajaríamos por tres años. Violeta llega nuevamente a l'Escale y allí le cuentan que hay unos Parras cantando al lado. Y se aparece una noche, feliz de vernos.

Por estos años, la vida de Violeta transcurrió entre París y Ginebra, donde vivía Gilbert.

Bailando cueca con su hijo Angel (París, 1963).

Buenos días la Francia
en todos sus cardinales
desde la altura del vino
al fondo de sus pajares
del capricho de su cielo
al alma del habitante
buenos días con el sol
o la tormenta en la calle
con el dolor del abismo
que separa los hablares.

Buenos días los secretos
del Sena con sus virajes
cada clavo y cada trozo

del fierro de sus puntajes
por donde lleva el viviente
de un lado al otro, sus males
sus cuentas, sus alegrías
sus abrigos, sus afanes
buen día con el vacío
que separa los hablares.

Buenos días los franceses
que me abrieron sus portales
y el candado del jardín
de su corazón vibrante
buenos días en mi nombre
cordillera de los Andes.
Buenos días con la fuerza
del indio que hay en mi sangre.

ESCRITOS...

...deposito en desorden todo lo que me dicta mi cerebro atontado
en este pañuelo de papel sellado
siento hinchados los ojos para adentro
y el corazón lo siento a flor de piel
encima de mi pecho.
Como otro seno más al lado izquierdo superpuesto
superpuesto en mi carne, y en el hilo más fino
de mi fino sentir me palpita a deshoras
con un ritmo de péndulo que se tiende a parar
no se puede explicar este cansancio
no hay idioma ni lente fotográfico.
Esta pena tranquila permanente, que echó raíz en mí
como en su casa patio, esta pena tan clara como ustedes
como ustedes que pasan y saludan
mi pupila lo acusa y mi oído lo traga
tan clarita mi pena como el sauce
con su pelo peinado para abajo tan clarita mi pena
yo la puedo sentir cómo gotea una a una sus letras
desde arriba hasta adentro
pero explicar no puedo su contorno
porque es como un embarazo imaginario
y cómo patalea como en la bicicleta pedaleamos
para alcanzar la cima deseada.
Yo la veo mi pena, se recuesta, se inclina y se arredonda mi pena

se me sube a los platos al secarlos
y si quiero colgar una camisa
se me cuelga primero la tremenda, la amarilla
la de siete cabezas rasuradas,
y al sacarme el vestido se me sube
y al ponerme la enagua se me escama
y al bajar la escalera me deja y me retoma en cada piso.
Se acuesta conmigo y se levanta en octubre tal vez,
o en Talcahuano, me desata sus nudos la culebra.

* * *

Qué les pasa a mis manos que palpitan por dentro
que por todos sus hilos me hormiguea el misterio
por mis diez caminitos se apretuja un aliento
que se esconde y se asoma como nube al viento
qué les pasa a mis manos que no encuentran sosiego
que por ellas se agolpa todo el peso del cuerpo
por su sangre me marchan regimientos completos
y me queman la sangre sus tambores de fuego
qué les pasa a mis manos con sus frágiles huesos
con la médula viva pestañando entre sueños
con la carne poblada de perpetuos destellos
que atraviesan mi piel con sus raros conciertos
qué les pasa a mis manos que se pasan gimiendo
como si un corazón de minúsculos nervios
se agitara debajo como pájaro enfermo
aunque tenga mis manos en oficio perpetuo
sus tendones aflojan sus millones de pelos
parpadean mis uñas en sus duros extremos
y debajo llamea despacio un...

* * *

Mi corazón está de velorio
el humo de vela quemada
ya me llega al cuello
con este peso en los ojos
los días se me hacen lerdos
pero llorar no quiero.
Soñé que me moría de pena
cuando me desperté
un pajarillo cantaba
en mi ventana.

86

Con suspirar no adelanto nada
al contrario
es como atizar el fuego en pleno sol.
Bajaré a conversar con algún niño.
En la escalera de caracol
enredaré mi tristeza.
Los adoquines
recién jabonados en el patio pasadizo
me ponen una barrera
entre el niño y yo.
Está todo en silencio y recién lavado.
Si hubiera un detergente
para lavar mis pensamientos...

* * *

¡Qué raro! tengo tantos deseos de hacer un trabajo nuevo
y no me sale nada.
En vano la guitarra en mi mano
mi lápiz se mueve sin ningún entusiasmo.
¿Será que me falta la fuerza física?

Apenas puedo abrir los ojos, y dormirme tampoco puedo.
Todo lo que tenía en el vientre se me fue con la
intoxicación contraída.
Pollo añejo me vendieron
pollo envenenado.
¡Los comerciantes!
Doradito y perfumoso, pero como una hoja de afeitar
para el estómago
5 francos 20. Es decir 5.000 pesos chilenos.
Así matan a la gente los comerciantes
cinco mil pesos por una intoxicación
que puede llevarnos sin lástima a la tumba
y la compra de ataúd
y el recibir a los amigos
y el gloriado inevitable
y la familia sin cabeza
y el trabajo inconcluso
y las cartas no contestadas
y el vestido a medio lavar
y el viaje proyectado a Coelemu...
y tanta cosa por hacer.
Un cuadro casi terminado en azul claro
un amor a punto de cuajar un día en junio
un compromiso para cantarle a los obreros
un año y medio sin ver a mi familia
el regreso proyectado para agosto
y los porotos apenas en el primer hervor
y el san Cristobal que baila en mi cabeza
con sus miles de arañas peligrosas
y que a la sanidad poco le importa.
Tendremos que tocarle el amor propio
con un verso que hable claro del asunto.
Pero será después, cuando me haya mejorado de la intoxicación
con el pollito
que el infecto comerciante me vendiera
por cinco francos veinte, que chirriaron
al entrar en su caja sin escrúpulos.
Varios días postrada en mi cama
sospechando el color de las coronas
y el olor de las velas derretidas.
De repente se detiene el calendario
inoficioso es ya el crujir de los motores
gratuita la caída de la lluvia
nada más importante que la fiebre
la luna que pasa a último plano
y quién va a hablar del sol en estos casos

todo como cortado a guillotina
una canción, un viaje, un telegrama
todo se lo ha embolsado el comerciante
dorado en mantequilla vegetal
y de buena presencia, por supuesto
me han vendido el veneno muy envuelto
en sedoso papel de plasticina
y anudado con cintas esterilizadas
así venía el puñal que ahora me tiene
con dos inmensos túneles por ojos
y con la piel aplanchada en los riñones
sin médula en los huesos, como una caña hueca
y el pensadero enredado como nunca
que no deja decir como yo quiero
lo que debe gritarse a manos llenas
sobre pollos dorados al aceite
que nos vende el «honesto» comerciante
en modernos almacenes de Nilón.

París, 23 de junio de 1963.

* * *

Morado y negro son los colores que me persiguen
flores moradas, botones negros
líneas negras, puntitos morados
papel de carta con orillas negras
tinta morada
mostacilla negra adentro de un estuche morado
todas las tardes arreboles morados, hasta que el negro
de la noche los disuelve a su modo.
Un verdadero cuadro de morados y negros
mi reflejo en la luna del espejo quebrado
me deslizo en mi pena
se me olvidó reír
no tengo noción de la velocidad
a media voz me sale la palabra
y me extrañan los gritos del vendedor de naranjas
desembocar en llanto es mi destino si
no será ni en Agosto ni en la casa.
En Octubre tal vez en la calle
entre toda la gente que atraviesa las cruces
y entre los automóviles que hormiguean las rutas.
Yo lo dispongo así.

Treinta días cumplidos sin abrir las ventanas
ni una gota de agua
llanto seco. Ni un pañuelo salobre
ni una arruga mojada
como una ladrona fugitiva
me defiendo de lágrimas
entro y vuelvo a salir, no me detengo
abro y cierro la entrada que ventila mi alma
me encerré en la pintura
dos velorios y una fiesta frustrada
y para no sentir que me aprietan el cuello.
Pero hay que cargar con las espinas
masticarlas despacito
sesenta horas al día
sin mencionar las noches
que entre pesadilla y sobresalto
me apermasa los sueños
y me hiela los pies de añadidura.
Creí que disponía de fuerzas suficientes
pero me equivoqué en mis cálculos.
Los síntomas del llanto
me acosan en sus múltiples formas
ojos fijos en un punto no preciso
descoyuntamiento total del esqueleto
respiración difícil
sonajera de uñas molidas con los dientes
coloreando en su yema
la piel que me cuelga de la cara
como bolsa vacía.
Los cien peldaños de la escalera de caracol
y la brisa, pena funeraria
que me aflige la cabeza
todo todo aquí dentro de mi
tronco untándome la herida
sin reposo
me tambaleo como volantín
cortado en espacio espeso.

12 de agosto, día de mi mamita

En el silencio y la desnudez de su taller de Ginebra, ella vuelve a crear la vida de un rasgo, y esta vida nueva se vuelve entonces arte, un arte primitivo, mágico, respondiendo siempre a una gran voluntad de romper la soledad, de exorcizar la desgracia, de hacer oír su voz para reivindicar, protestar, o exaltar el amor o la fraternidad humana. Ya sea que su mano borde, escriba poesías, pinte cuadros, trence el hierro o pulse una guitarra, está siempre en contacto directo con la emoción, con la necesidad de una inmediata comunicación.

Gilbert:

...De manera que ya podemos contar con un libro y 2 long playings de la Chinita.

Yo creo que la semana próxima grabo mi música para guitarra.

Me parece que la felicidad del departamentito se va a terminar. En el campo donde viven mis amigos van a hacer un arreglo en la casa así es que ellos se verán obligados a venirse a París, y yo tendría que irme de 19. Place de la Madeleine. Ya ves como todo es pasajero. No hay nada eterno. Puede que ni la muerte es eterna. Por esto es que yo no confío en el amor. En el amor del Chinito tampoco, porque en Chile...

* * *

Muy querida Adriana*:
¡Por fin!
Tu no podrías saber nunca cuánto he sufrido esperando tu carta. Hasta le pedí a Nicanor que fuera a hablar contigo, que te explicara cómo no era mi intención herirte, que entendieras mi «látigo», como tú dices, y

* Adriana Borghero.

que estaba contigo, porque somos amigas, y ahora más que antes, porque el mismo dolor nos acerca, porque te has puesto medio a medio de mi carta con un ramo de flores en la mano y me sonríes y algo siento que me dices. He llorado de alegría. Dos lágrimas, sólo dos, pero largas, gruesas, que me hicieron una profunda línea en mi cara fea. Me he vuelto mil veces más pequeñita de lo que soy. Tan chica, que por primera vez no me pesa la masa que tenemos adentro de la cabeza. Se me desapareció y floto en el aire como la Valentina en su cabina espacial. Tu posición. Cuando regrese conversaremos largo el asunto, y revisaremos tu hoja de servicio y la mía por supuesto. Y nos pondremos notas, y en la autocrítica nos miraremos como en el más nítido espejo.

Si mi hígado me lo permite, nos reuniremos alrededor de una buena botella de pipeño del sur y atravesaremos el humito de un asado popular con pebre y todo. ¿Puedes creerme Adriana? A medio mundo le he escrito y a nadie le he contado mi trabajo. Yo entiendo que las cartas deben ser para atornillar la relación humana, abriendo el corazón y tratando de penetrar en él, por un hilito que vibre de cariño y amistad por lo que somos como seres humanos. Aplausos, premios y éxitos, son para mí más que palabras. Yo quiero que me quieran, porque los repollos y los tomates que yo siembro con mi mano, puedan ser comidos por aquellos que yo quiero, porque mi carácter y mi sembradero de palabras pueda dar alegría y pena a un ser que se estima y se quiere conservar, porque mi taza de té la sirvo sin que la distracción me obligue a servir un té hervido. Quiero cantar siempre y sin equivocarme, sin que se me corte una cuerda, sin olvidar una palabra, sin una desafinación, porque mi canto debe ser mi mejor taza de té para la amiga sentadita en la mesa redonda. Eso es lo que me preocupa, Adriana, querer a todos y que me quieran todos, por el respeto que pongo en este amor, por la cantidad de condimentos que pongo en éste, cuando a cada uno debe servirle su platito. Es que nuestra alma es tan escuálida, y nuestros nervios tan tirantes y tan feroz el martillo que golpea en la cabeza, allí en las sienes, y allí entre las cejas.

Un año y ocho meses que salí al mundo a servir mi tacita de té entre las familias que beben este té, por los ojos y los sentidos. No me entienden la palabra, pero sus rostros se ponen brillantes, y tartamudean de emoción, cuando quieren tender ese hilito misterioso, entre su sangre y la mía, que se llama amor. Si vieras Adriana cómo brillan las arruguitas de los viejos y cómo se aclaran las nubes de sus ojos cuando les entrego mi alma en una cueca o en un cuadro. En eso ando por aquí, repartiendo canastos de amor. No cantando para ser aplaudida te lo juro y créemelo.

Ayer y antes de ayer por ejemplo, he cantado desde el medio día hasta la media noche, sin recibir un solo aplauso, pero el hormigueo de gente, no me abandonó un solo instante. Era una fiesta al aire libre, como el 18. La kermesse obrera. El sueldo que me pagaron era una miseria; el buen sueldo se lo pagaron a los que cantaban y tocaban twist y lo otro. Estos últimos en el escenario principal y yo en un rinconcito, arreglado con mis trabajos y con mis banderitas en guirnaldas de tres colores, allí con mi guitarra y con mi paciencia, y con mi corazón al aire libre. Mi olla de ponche en leche desapareció en los labios curiosos y amorosos de los gringuitos. Y miles de cuecas fueron recibidas por ellos. Jamás en Chile persona alguna, ha cantado tanta cueca, porque allá en Chile, a una le prohíben la cueca. Y aquí fue mil veces repetida en los patios de la Universidad y ayer en el parque de Geneve. Y la gente me traía de comer. Ignorantes de mi hepatitis, llegaban a mí con las mejores bebidas y las mejores comidas. Otros que me apretaban la mano y no me la soltaban más. Y de nuevo yo con tanta boca abierta vomitando mis venerables cuecas. Así se fue el sábado y el domingo 6-7.

Que después de mis recitales, la gente no quiere abandonar el teatro, también puedo decir. Los funcionarios de las salas enfurecidos porque la casa los llama y el público arriba del escenario repartido en cinco grupos: Isabel, Ángel, Carmen Luisa, Titina y la vieja sin querer moverse.

De la emoción se nos pierden las cosas. Orgullo me da hablarte de tan bellas consecuencias. Nadie en Geneve ignora que andamos por aquí.

El miércoles me voy a París. Contéstame a 19 Place de la Madeleine. Cuéntame de Raúl.

Te abraza

Violeta Parra

Gilbertito:

Sin novedad llegué a París, en donde Ángel me estaba esperando.

La llegada a la casa fue bastante agradable. Los chiquillos se apoderaban de las cosas, las miraban, y comentaban. Me quedé sin nada.

La máquina eléctrica se la di a la Chabelita, la chica al Ángel. Las medias a la Luisa y a la Chabe. En la noche me fui a trabajar con unas botas muy chicas, la Chabela con unas muy grandes. Todo desapare-

93

ció de mis manos. Pero no importa. El trabajo da para ayudar a todo el mundo. Para mí es una alegría poder repartir mis cosas entre la gente que yo quiero, y la que no quiero también. El Ángel se comprometió a darme diez francos por día, para la comida, entonces yo guardaré mi pequeño sueldo para gastarlo dentro de algún tiempo y poder volver a repartir cosas entre mis míos. Mañana viernes tú tendrás tu máquina fotográfica. Qué pena no estar allá para compartir tu alegría. En la noche me llamarás y yo podré decirte algunas cosas que se anudan en la garganta y me visitan el pensamiento. Cuéntame todo, Gilbert. Yo quiero conocerte. Es justo que después del tercer año que llevamos, yo quiera conocerte bien. A mayor sinceridad, mayor tranquilidad.

Mil preguntas me hicieron mis hijos sobre los dos. Te defienden, te quieren. Hoy empiezo a terminar mis trabajos para mandar a Berlín. La mejor novedad que encontré a mi regreso, es que todo estaba muy limpio. Chabela se encargó de todo. La Titina está con «oreillon». «Paperas» en chileno.

Cuando nos despedimos en la estación, yo tenía mucha pena, pero se me confundía todo con la partida del tren, la solicitud de cama, la aduana, etc.

Hasta el último segundo vi tu carita detrás de los alambres, estabas bien pálido. De repente levantabas tu mano. Me parece que pusiste una mano sobre la reja. Creo que eso fue lo último que vi. ¿Cómo estaba la casita a tu regreso? ¿Tenía un poquito de pena? ¿Cómo dormiste? Quisiera saber todo, hasta las cosas más chiquititas. ¿Leíste la carta que te dejé? Me dio mucha pena cuando pensé que cuando volvieras a tu casita ibas a tener frío, y ni siquiera podías tomarte un café, porque el tarro estaba vacío, y el té me lo habías dado a mí.

Chinito, tienes que quitar el hielo de la ropa que hay en la olla. No la pongas afuera por favor.

Dile a Daniel que estoy muy agradecida de todas sus atenciones, que le doy mil gracias, por su carboncito, y que me da pena haberlo gastado todo casi. Dile también que lo quiero mucho, y que deseo que se cuide, porque lo vi muy débil.

Para ser agradable hasta en la distancia, no comentaré nada de lo que en Geneve me hizo llorar. No te olvides de dejar corriendo el agua para que no vaya a faltarte. Ah, una cosa muy importante. Retoma lo más luego que puedas tu clarinete. El sonido que le sacas te sale del alma, el que le saca René, le sale del chaleco. No creas que tú no eres músico. Verdad que tienes dificultad con el ritmo, pero esto es un mal completamente cura-

94

ble. El domingo tenemos una gala fuera de París. Hará falta el tocador de quena. Dale duro al estudio y duerme lo más que puedas. Cuídate porque un trabajo muy grande te espera en el futuro.

La Chabela está madurando notablemente en lo que se refiere al folklore. Tú sabes que a las nueve yo toco sola, y a las 10,15, canto con ellos, solamente música chilena, y ellos cantan solos a las 12,30. Hablando de esto ayer, y sin hacer ninguna presión Chabelita me dijo, que consideraba que en la actuación de ellos, había que incluir nuevamente mi presencia aunque fuera solamente al final, para cantar las cuecas. Hacen bien, porque se nota en la reacción del público, cómo cambia la cosa cuando empieza el endemoniado ritmo de la cueca.

Así es que ahora trabajo un poquito más, pero es importante porque es una idea de ellos y no mía. Faltas solamente tú en el conjunto. El día que domines tres o cuatro temas estamos arreglados. No gastes el tiempo estudiando cosas que no necesitamos para nada chinito, y no te dé rabia, porque te lo repito tanto. Es por el bien tuyo.

En la casa me estaba esperando una elegante invitación a un vernisage de un quiteño, para hoy a las seis de la tarde. Qué raro que me invite alguien, cuando lo normal es que nadie quiera verme cerca. Me refiero a los artistas.

El cantor de cantos españoles, estaba muy contento de verme llegar. ¡Bienvenido el ciclón de Chile! gritaba en plena actuación de él.

La dueña de la Candelaria estaba también muy contenta, y me preguntaba cosas de los dos.

La ausencia no causa olvido
cuando dos se quieren bien
aumenta más el amor
cuando no se pueden ver.

Dice una estrofa de una bella canción chillaneja, y yo la repito con pena, porque no sé nada, lo que pasa detrás de mi puerta cerrada.

600 km. Genéve. 15 rue Voltaire. Visitas. Gente que se aburre. Gente que juega con la sagrada cama. Mujeres negativas que se mueren contando historias de amor, mujeres que van de cama en cama, obsesionadas con el sexo. 600 km. 15 rue Voltaire. Visitas negativas. Amistades nocivas. Como la literatura nociva, como el cine nocivo. Confío en Daniel. No hay cerca de ti, ni una persona que valga más que él.

Me parece que estaba triste. Qué crimen hacer sufrir a un tipo como Daniel. Yo le admiro y le quiero. Estoy segura que esa barba se la ha dejado solamente porque está muy triste. Qué suerte que sea un amigo tuyo. 600 km. Gilbert, no es nada cuando no se traiciona. Pero cuando sí, una cuadra es mucho.

Es terrible la vida. Yo quisiera estar allá, pero estoy aquí.

Yo siento que quiero un hombre, pero mi trabajo me aplana. Dolorosamente tomo un tren que me aleja de ti, pero lo tomo, sin melodrama, sin debilidad, sin dudarlo ningún momento, con la cabeza llena de ti, con el cuerpo lleno de tu huella. Mareada de recuerdos dulcísimos. Así subo al tren, y así me paro en los 600 km., para cantar, y hacer girar una rueda con millones de rayos que me oscurecen. Au fond de la cour, mon Gilbert.

Au 5éme étage, moi.

Tú eres de piedra

yo soy de piedra.

El individuo que pone 600 km. entre tú y yo.

¡Y con lo celosa que yo soy!

¡Mentira!

Teatro puro, porque si soy realmente celosa, ¿cómo, de dónde sale la fuerza que me trajo a la capital de Rimbaud?

Del individuo, como un pájaro de bueno.

Como un pájaro de débil.

¿Hasta cuándo los disparos de la inmunda cazadora, sobre el alma de este pájaro? Echa llave, doble llave a tu jaula y a tu nido. No dejes que te manchen con tu sangre desteñida con el filo de tus uñas, saca el ojo de la puta. Con la fuerza que hay adentro del rincón de tu cerebro, cierra puertas y ventanas, que no entren los obscenos, que los buitres se devoren otros muertos. En tu caja albos muros, reblanqueada con tus manos, cuida tu alma como cuida el viento norte las anchuras de la pampa.

Reblanquea nuevamente con tu música tus muros, tus pañuelos, tu cuchara, y el camino que hay del pan a tu criterio, hasta el último minuto de tus ojos entreabiertos.

Vigilante de tu vida, que no llegue a tu nariz, l'eau d'cologne de la araña, revestida para nada de brillantes popelinas.

Con el humo se distinguen las verdades desteñidas.

Con el vino se distinguen las verdades transformadas.

Con el ruido no se sabe si los gritos son de hambrientos o bandidos.

Mira el fuego que te traen, es el peor de los infiernos.

Mira el beso que te ofrecen.

Todavía no se seca la saliva precedente. Todavía están morados con las huellas de otros dientes. Que tu oído se haga sordo al gemido que deslizan. Es el lazo que en el bosque degolló mil pajarillos.

Ten cuidado con el baile que te aplican dos pupilas de colores.

Hace siglos que le bailan al marrueco en cualquier hombre.

Esa es toda mi oración, día y noche la repito. De esa forma me defiendo de la mierda del camino.

Es mi vaca con su leche que alimenta mi destino.

Es mi manta, mi revólver, que me ahuyenta el enemigo, y hace fuerte mis dibujos cuando clavo mis tejidos.

....

¿Te quiere la celosa? No la celosa. Es ridículo llamarme celosa, yo que puedo volar por meses en otros montes. Celosa la que vive al pie del árbol, para beber su sombra, su fruto, su música, su forma. Yo estoy lejos de mi árbol.

Caminar no lo veo, no lo oigo reír, otros ojos te ven, otros oyen tu risa.

Otros los que reciben tu eternal buenos días. Los que ven cómo inclinas tu cabeza en la vida. Cómo alargas la mano cuando mezclas y pintas, cómo suben tus piernas ataúdes tranvías. Cómo llevas el pan a tu boca encendida. Cómo al horno le entregas el color de sus chispas.

Cómo das a tu sopa su sabor a sandía.

Yo no tengo siquiera ni el cabello que dejas en el peine caído.

Nada tengo de ti, fuera de una promesa que palpita en el aire, sin risa ni soportes, sin amarras, sin bordes, sin contornos, sin motor, que mantenga su figura deforme.

Bueno, entonces, no le llames celosa a la pájara ausente, que de valle a montaña, va cantando sus celos. Y el motivo que llora, conviviente esqueleto, con el alma en su cuerpo, con su carne y su pelo, estás lejos más lejos que el demonio y el viento.

La verdad es que tengo la mirada en el suelo.

Cállate mujer tonta y no pierdas tu tiempo. Por llenar el papel, olvidaste el almuerzo, por hacer estas letras traducidas al verso, se te han ido las horas para mundos inciertos.

Cállate tonta grande, qué diría la gente si supiera las cosas que envenenan tu seso (lo que hay adentro del cerebro).

....

Ya ves chinito cómo no para nunca esta cosa que me sale de la cabeza. Si en vez de letras, fuera hilo, tendría para coser todas las heridas del mundo y desde luego que podría coser el hocico de todos los que hablan mal de mí y estos son más de lo que creo.

....

Guarda mis cartas chino. Van a servir después, cuando la Titina quiera conocer los secretos de su abuela.

Porque en este mundo ni los muertos están tranquilos.

Muy lindo el paseo a la rue des Etudes.

Me pagaste el pasaje, gracias también.

Pregunta tú eres mi hombre. Pregúntaselo a Daniel. Te abraza y besa tu huevona.

Violeta

Necesito correr por la alameda
detenerme justo en una iglesia
una que tiene rojas cornisas
rojos los tijerales y la puerta
allí quiero pararme aunque afuera
esté lloviendo a gritos y centellas
paradita en la esquina como vieja
esperando si llegas o no llegas
como pasó una tarde, ¿lo recuerdas?
cuando te dije que a las siete y media
frente a la roja y colonial iglesia.
Se te olvidó tal vez querida prenda
palomito dorado a la europea
se te olvidó caramba quien dijera
qué memoria tan frágil es la que llevas
mientras tanto yo espera que te espera
la carta que me trae alguna seña
se me pasan los siglos en la pieza
preguntándole a sillas y teteras
déjate de pensar que soy coqueta
que me crujen las uñas y las muelas
detiénete a pensar que soy un fardo
de dolor de trabajo y de paciencia
desde que vine al mundo soy chilena
y debo atragantarme si comentan
que la Violeta Parra es extranjera
cómo voy a ser yo todas esas letras

cuando soy nada más que chillaneja.
Mi corazón está gimiendo apenas
quiere salir volando de su cuenca
con los ojos abiertos como puertas
miro hacia ti corriente de mis venas
hoy se cumplen tres meses y no hay vuelta
y no habrá en mucho tiempo aunque se pueda
porque no sé dónde el camino empieza
ni adónde me conducen las veredas.
Cómo puedo explicarte las inmensas
mariposas de sueños que me pueblan
y agujillas de fuego me resecan
los misterios que envuelven mi cabeza
yo no sé razonar voy como suelta
risa con llanto muestran mis ojeras
si me das de tu pena estoy risueña
y si nadie me da no queda huella
¿te imaginas el día que te vea?
van a brillar mejor las ampolletas
y en la profundidad de los silencios
vamos a sepultar toda conversa.
Me duele el frío de la patria entera
y el solazo del norte me destiempla
por eso quiero enredarme en la madeja
con la esperanza de encontrar la hebra
yo me inclino sumisa en tu tibieza
porque te he sumergido en una ausencia
más agria que la leche descompuesta
más honda que una noche sin estrellas.
Me beberé tus lágrimas secretas
arrancadas de tu alma callejera
las juntaré en un cántaro que hiciera
con los nueve deditos que me quedan*
cantores y escribanos de las décimas
del canto a lo divino y a lo pueta
nueve dedos que rigen la simpleza
que ha de tener mi próxima arpillera
nueve dedos pintores nueve yemas
nueve soldados rasos en las cuerdas
de una guitarra bruja de anticuecas
o de un lienzo estirado en la madera
de una cosa que sale y que revienta
y que me pone el pecho como greda

---

* Violeta tenía un dedo, el meñique de la mano derecha, con un tendón accidentado.

no me digas que no hay una escalera
para subir al borde de tu pena
no me digas tampoco que no hay leña
para abrigar el cuerpo de la enferma
que muy lejos de ti llora y se queja
porque no sabe qué hacer la tonta lesa.
Con tanto revoltijo en la cabeza
con tanta pericona y tanta cueca
no digas que te vienes si te quedas
más allá de la luz y de las piedras
más allá de la augusta cordillera
que a nuestro amor le aplica las fronteras.

Entrevistada por un periodista francés en su casa de París, con Isabel y Angel (1964).

6

ISABEL

El período de Violeta en París y Ginebra —1962 a 1965, con un corto viaje a Chile en el 64— fue de una intensa actividad artística, que es menos conocida que otros momentos de su trabajo.

En Ginebra pintó, bordó, cantó en TV y en recitales.

Querida Anita, querido Cuto:

Hasta antes de ayer, se podía decir que yo era una verdadera huillicha de Chile. Hoy no, porque se me están cayendo las escamas, las plumas y las cáscaras, todo eso se me está cayendo, y por eso me están flaqueando las fuerzas, no las fuerzas físicas, la espiritual que es en donde reside la verdadera desgracia. Y pensar que el 10 cumplí un mes con la cabeza bien puesta. Hoy hace dos días que un desasosiego descomunal se apoderó de mis nervios y de mi palpitación. Y me tiene sin dormir y sin alegría. Yo no me quejaría, si este estado no complicara mi cuota de sueño. Pero duermo poco menos que con un ojo y con la cabeza tan repleta de ideas, problemas sin soluciones, que parece que me va a estallar. ¡Y a quién voy a decir o mostrarle mis heridas! Solamente a ustedes, que me conocen y que me quieren.

Estoy sufriendo mucho, como una tonta. Es por Gilbert. Me separé de él convencida que no podía seguir a su lado, y ahora me duele hasta no poder dormir. A las lágrimas no he llegado. He conseguido con gran esfuerzo no decaer hasta ese punto.

El trabajo lo realizo sin interferencia. Pero hay un momento en que no quiero nada. Aquí estoy casi sola. 15 días que las niñitas fueron como todo

101

europeo al campo y a la playa. Vuelven el viernes próximo. Los niños grandes vienen como los pajaritos, me trinan, y otra vez emprenden el vuelo.

Nunca me había molestado el ruido de la calle. Anoche, a las 3,30, absolutamente en vela, el ruido me pareció terrible.

Yo sé que con Gilbert no adelanto nada, que los inconvenientes sobran y que tengo que mirar para adelante y no para atrás, pero, ahí está lo grave, pese a lo claro del asunto, yo entré en este estado lamentable, que alarga desmesuradamente los días y me obliga a estar despierta por la noche. Y tanto que necesito mi tiempo para avanzar en mis trabajos. No digo que esté detenida, no, pero no hago mi tarea con alegría.

En un mes he recibido tres cartas suyas. Estas durante la primera quincena, después, nada, a pesar de mis respuestas. ¿Y qué voy a hacer con este nudo ciego? ¿Dejarme arrastrar por la pesadez de los días? A los 46 años, todavía no sé qué actitud tomar, es decir, sé, lo que no sé es de dónde sacar la fuerza que me haga resistir los empeñones que me propina la vida.

....

Agosto en París es cementerio para los artistas.

Septiembre me llena de esperanzas. Dentro de algunos días hacemos un programa en la televisión. Dimos una audición en un cabaret de más categoría. Gustamos. Los niños cantaron tres días, yo no quise ir porque el sueldo no compensa la trasnochada. Pero la dueña es una empresaria de mil cosas. Valdría la pena pero yo no quiero mostrarme fácil del número, a ella le gustó más que nada la actuación de la vieja. Se quedó con los niños pero suspiraba por mí. Me mandó decir con los cabros que ella tiene contacto con galerías, y debo ir a verla apenas reabra las puertas de su fonda.

Este judío francés que se comidió a llevarme por aquí y por allá, resultó un asco de papas ñonchis. Les contaré todo personalmente el domingo, si es que tengo la suerte de llegar hasta allá. Me hace falta una limpiadita de alma con ustedes.

¿Y ustedes? ¿Contentos? ¿Sanitos? ¿Tranquilos? Qué sería de mí sin ustedes.

Un abrazo apretado para cada uno de la novia frustrada, que llora cantando, que borda sus pesares y pinta sus tropezones.

Tengo mala pata. De ustedes

Violeta Parra

Querido Nica: *

Ya salí del cascarón y al aire pongo mis ojos
dos canastos al partir, se llenaron con mis lágrimas
como fina lavandera, lavo y aplancho mis pensamientos
listos para la entrega, ya tengo docena y media
como con una píldora mal tragada cogoteo mis tragedias personales.
Ni un solo beso me ofrece París, ni la más leve sonrisa
su imponente estructura me aplasta y me tirantea los nervios
perdida en sus entrañas, me enredo en sus tripales
gran interés no tengo en... en sus arcos
ni en tragarme sus fechas y sus nombres ilustres
tengo cansancio físico para tales batallas.
He caminado a pie toda la geografía de la música fúnebre
ha vomitado mi alma siete mil veces mil
todas las provisiones que tenía en bodega
es el ruido traspuesto el que aflige los tímpanos
es el ir y venir de la vida en la calle
el rugir incesante de motores despiertos
el chillido estridente de trompetas borrachas
el gritar de la gente sin motivo preciso
quien me obliga a pasarme la semana durmiendo.
Tanto ruido que meten, Nicanor, en mis sienes
es desorden perpetuo que me sirven de almuerzo
día y noche disparan contra el ave indefensa
día y noche la... que me bate su lengua
voy requete cansada te lo digo en secreto
pero no lo repitas ni siquiera entre dientes
guardado bien al fondo de tu olleta de fierro
donde al fuego de tu alma hierven números versos
de madera llovida diseñaron mi ropa
y a medida que marcho me deforma los huesos
mis canillas no cumplen su papel en servicio
y para que decir nada como cuelgan mis dedos
resultado normal...

* * *

* Cartas a su hermano Nicanor, escritas en junio de 1963.

Amigo hermano:

Cuando más triste me hallaba, se me presenta el cartero
trayéndome una misiva, que tomo por alimento
al divisar tu retrato, las aguas se me cayeron
de las pestañas al rostro, del rostro al vestido negro.
Como noticia mayor me dices de que mi madre
goza de buena salud y teje sus miriñaques.
Rabia me da que se caigan mis dos hermanos al vino
pero merece un perdón el que ha escogido el oficio
de constructor de guitarras en un cartier de bandidos.
Como guitarra quisiera que me levanten mi casa
y que una mano muy grande se asome por la mañana
igual como nace el sol, en Chile cada mañana
y al reventarse la aurora con cueca me despertara
¡cómo vendrían los pájaros a sacudirse las alas!
cuando las cuerdas chillaran al son de la cueca larga
¡cómo doblaran su cuello las flores para escucharla!
el viento sería el único, quien sus clavijas templara
y no osaría la lluvia a importunar con sus lágrimas.
Si yo regreso en septiembre, es que me falta el dieciocho
pero alcanzamos a vernos si tú vienes en agosto
te espero en el Luxemburgo, a la sombrita de un olmo.
Claro que vuelvo con todos mis brotecitos al hombro
maldita madre sería si los dejara tan solos
ya ves lo que me pasó el año cincuenta y ocho
falta una flor en el ramo, se la llevó la corriente
y ahora la macetita la cuidaré hasta la muerte
el árbol se ve bonito con todas sus hojas verdes.
Si alguna duda te queda, pregúntale a un afuerino
porque es un roto que tiene todo anotado en sus libros
la hora la ve en el sol, y cuando ve un remolino
dice que no anda muy lejos, el diablo con su quejido
jugando al naipe te saca los cuatro reyes al hilo
con la guitarra en la mano se le retiran los fríos
y con el corvo en la diestra no queda nadie en la pista
ni beato ni general, ni rico ni derechista
ni funcionario, ni paco, ni flojo, ni evangelista.
Con la primera paloma te mandaré una encomienda

con veinticinco ejemplares debajo de sus aletas
levanto bandera roja para que siga la fiesta
que se arme una larga cola, pa comulgar con poemas
que aquí va la hostia sagrada que ofrece el antipoeta.
Saludo primeramente a don Enrique Moletto
por sus hermosas palabras, sonoras como los truenos
el día lo paso en cama, me falta medio silencio
y en agua se está trocando la médula de mis huesos
por eso es que no se escucha el retumbar de tus versos
pero una amiga me dijo que frente a frente al correo
sentado y con libro en mano, un suizo te estaba leyendo.
Entonces quiere decir que ya me siento en remedio
con la Panchita de blanco que aprende a cuidar enfermos
bien me decía mi madre cuando me veía llorosa,
no hay que perder la esperanza habiendo sal y cebolla.
Para la pena no hay nada mejor que una buena sopa
y una ojeadita serena en el umbral de la loma.
Segundamente saludo, con una copa hasta el tope
de tinto de San Javier, recién sacado del cofre
al honorable cantor de los cantores mayores
Enrique Lihn afamado con todos sus reventones
y al diario* donde uno puede desahogar sus dolores
pañuelo de cuanto llanto se agolpa por nuestros ojos
y pecho cálido y firme donde apoyar nuestro rostro
como papá que nos cuida de los helados inviernos
que nos descarga la vida con sus injustos descuentos
de música y de aire puro al cual tenemos derecho
el Siglo es como la mano que ayuda a mirar al ciego
como un rebozo del sur para abrigarnos el cuerpo
si hoy día corre su voz sobre un papel deshonesto
mañana tendremos pulpa del mejor árbol chileno
cuando me entreguen el bosque sembrado por los obreros.
Y cosechado por otros sin ley ni merecimiento.
¿Qué dijo la madre mía de mi recado anterior?
En ella puse triguito, ¿o se lo diste a un gorrión?
quiero saber su destino y el resultado que dio
anda y reclama respuesta jilguerillo volador.

* *El Siglo*, diario del Partido Comunista chileno.

Pena me da rematar mi carta sin dirigirle
unos humildes cogollos a mis amigos gentiles
no he nombrar a ninguno por no caer en pecado
a todos los pondré juntos en este sobre sellado.
Ramito de manzanilla p'al que pregunte por mí
y de cuatro hojas el trébol p'al que me ayude a sentir
las penas que estoy pasando tan lejos de Tucapel
tan lejos de don Emilio, de don Angulo y Gabriel.
¿Qué estará haciendo —pregunto— la Carmen Rosa en Chillán
habrá tenido este invierno con qué amasar su pan?
La Rosa Lorca en Barracancas, ¿conserva su corazón?
le zapateaba en el pecho cuando le dije mi adiós.
Así salía en la noche de luna o de oscuridad
a recibir una vida, mientras otra se nos va.
Treinta cuecas la Lastenia me deletreó sin parar
y doña Merche en un arpa sus manos echó a rodar
tengo grabada su imagen, jamás la podré olvidar.
Se me murió doña Elena en la miseria mayor
junto con ella el canario, más amarillo y cantor
de hambre se mueren las reinas que cantan de norte a sur
llorando está el alma mía por no tener un almud
donde medir justamente lo grande de su dolor
lo injusto del universo, cuando le niega su sol.
¿Sabe alguien que la Rosita del fundo de Juan Estay
a los ochenta cumplidos, está obligada a ordeñar?
y en el barrial más inmundo debe la leche blanquiar.
Don Reyes entregó su alma, al medio de Pudahuel
a pan y agua estuvo meses hasta que un día se fue
lo voy llorando lo mismo que se hubiera muerto ayer
a él se deben las décimas del mundo... al revés
y si uno reclama dicen, que no tiene educación
la tratan de todos modos, la apuntan con un cañón
así una vez en el puerto mataron a Anabalón
lo mismo que en la Coruña, el Soldado y Concepción
lograron hacer silencio a punta de munición
la ley es la Celestina, y el código es el cabrón.

ISABEL

En París, grabó discos, hizo recitales y exposiciones. Preparó su libro
Poesía popular y de los Andes, que fue editado por Maspero. Vivió, vivió
mucho.

Petit Gilbert:

*Anteayer recibí tu carta. La contesto hoy porque estos días he tenido
que hacer mis «trámites» y reposarme de la furia de la gran fiesta de
L'Humanité. Qué pena que tú no viste la fiesta. Había un poquito de
gente fíjate 600 mil personas. He informado a Chile de la magnitud de
esta fiesta. Es algo increíble. Parece que los pelientos estaban muy contentos. Los compañeros del partido también. Aquí en mi mano tengo el che-*

En la fiesta del diario *L'Humanité* (París, 1963).

que. 1.500. *No quiero darle ni un centavo a los cabros, porque tengo toda la intención de comprar mi grabador, mi Kandelsquito. Es imposible seguir trabajando mi música sin mi grabador.*

Como voy a hacer otro disco, ganaré 500 de avance que me servirán para los gastos de comidita: si me sale algún trabajo como el de la fiesta de L'Humanité ya podré contar definitivamente con mi grabadorcito. Ángel está de acuerdo. Tú sabes lo bueno que es mi palomilla. Chabela no estuvo nada de contenta cuando le dije que este dinero era para mi Kandelski. Así es que tú consúltame el precio exacto pagado al contado ça veut dire pagado inmediatamente. ¿Qué piensas de los aparatos japoneses? ¿Serán mejores o iguales que el Kandelski?

Tengo muchas ganas de verte y dormirme contigo después de una buena fiesta...

¿Tengo razón de ser desconfiada? Todo tienes que decírmelo. Si no, la sociedad caminará mal. La amistad con el judío reventó. No quiero oír hablar más de él.

Siempre he sido capaz de manejar mis cosas, y ahora también. No necesito apoyarme en nadie. Eso me molesta, por eso me peleaba con él.

Ayer estuve con el Editor. Me publicarán un libro que comprende dos partes, Folklore y cantos revolucionarios, *ilustrado con mis arpilleras.*

108

No sé nada de Nicanor, ni de mi familia. Estoy preocupada.

No quiero que me escriba cartas desabridas. Es como preparar una mala sopa. Acuérdate que le escribes a una mujer que tú quieres. Por lo menos así me lo has dicho y así lo tengo entendido. No abres tu corazón en tus cartas, parece que no tienes mucho que decir. El frío del invierno es suficiente para mí. La mujer necesita el calorcito que puede salir de una carta. Cada letra, cada sílaba, cada palabra, debe ser una lucecita que sale de la sangre y el corazón del que le escribe a su china...

Soy tuya

Violeta Parra

ISABEL
En esta última foto estamos todos: Violeta, Gilberto, Ángel, Carmen Luisa, Isabel y Tita. Fue tomada en un recital en Ginebra, en 1964.

Pregunta: ¿Tiene usted una preferencia: cantar, hacer tapices, pintar?

VIOLETA: Eso depende de los días. Algunos días no hago nada con la guitarra, nada con la tapicería, no hago nada de nada, ni barro siquiera, no quiero ver nada de nada. Entonces pongo la cama delante de la puerta y me voy... Estoy triste porque siento que no he podido transmitir la vida en mi trabajo: la vida es más fuerte que un cuadro.

Chinito:

Vuelvo a escribirte para contarte cómo se pasó ayer en el Museo. Con mucha pena el Conservateur monsieur Faré, me comunicó que la alta comisión del Museo había boulversée su programa, y mi nombre que ya figuraba en la lista de los expositores era borrado, porque yo para ellos resultaba ser una desconocida, y en mi lugar incluían un abstraite de prestigio. Cuando me comunicaban esta terrible noticia, sentí que me moría y no pude evitar las lágrimas. Llorando con un dolor que nunca he sentido le dije que esa determinación era para mí como la muerte misma, que hacía 3 meses que yo trabajaba día y noche, que me había quedado en París solamente por la exposición, que éramos 5 personas viviendo sacrificadamente, y que yo había rechazado Berlín Este y proposiciones de galerías. Monsieur Faré, conmovido hasta los huesos, me explicó que lo obligaron a retirar mi nombre, que él admiraba mis trabajos, y que contra su voluntad, sucedía todo aquello que me hacía tanto sufrir. Agregó que no era un re-

110

chazo definitivo. Que mi exposición se haría a largo plazo. Se me caía el mundo, Chinito. Perdí hasta la última gota de aliento. Cómo estaría que monsieur Faré no pudo resistir, me tomó de una mano, me acarició el pelo, y tomó una decisión que yo vi y sentí que le salió del fondo de su corazón. Tráigame todos sus trabajos, me dijo, vite, al tiro, yo no tengo mucho tiempo, pero tendré para usted, tráigame todo a las 4 y con sus trabajos en la mano yo defenderé su nombre y su exposición. Aquello era como resucitar, Gilbert, levanté mi cabeza, lo miré, y salí disparada. El mundo me daba vueltas, y yo era un pobre fantasma, que se moría de angustia.

Aferrada a esta última esperanza a las 4 en punto estaba de nuevo en el museo con Ángel, y el montón de trabajos. Todas las arpilleras, el Cristo de hilo de fierro, las máscaras bordadas, y algunas pinturas. Cuando le mostré La Conferencia de los Doce Apóstoles, *me lo arrebató de las manos.*

Me hizo prometerle que no lloraría más, me pidió tener confianza en él, y me dijo que el lunes próximo tenía reunión con la Comisión, que esperara hasta ese día, con fe y con calma, que mis trabajos eran epatantes, y que yo merecía exponer allí. Con esta última esperanza salimos a la calle en silencio con Ángel y durante todo el día de ayer, yo era un pequeño insecto, sin sangre, sin huesos, sin cerebro, sin nada. Fui a refugiarme en la Titina, y con ella estuve hasta las 8 de la noche. Hoy jueves, aunque realmente yo no espero nada, me siento resignada a resistir lo que venga. No tengo ninguna fuerza para trabajar y mi cabeza es una masa de hierro, con ojos muy adentro, y con pupilas nubladas.

Yo no sé si podré resistir este fuerte golpe. Y lo peor es que tú estás lejos. Yo no tengo comprensión de nadie. Titina no alcanza a ver la magnitud del asunto. Carmen Luisa en otro mundo, Ángel tuve que llevarlo a la fuerza, Chabela sumergida en pequeños problemas caseros y tú lejos, lejos.

En este estado de cosas tuve que cantar en la Candelaria. Quería emborracharme. Afortunadamente, mi carácter no me lo permite, y terminé en la noche con un ramito de violetas en la mano y con un jugo de naranjas delante de mi vista. Canté con el corazón molido. El público estaba suave. Rostros desconocidos pero amistosos. Subí a acostarme sin poder determinar qué es lo que pasa.

No sale de mi imaginación el alto de arpilleras que quedaron sobre un armario en la oficina de monsieur Faré. Hoy tengo que cantar en un teatro dos o tres canciones. Veremos qué pasa. Todo lo que sucede a mi alrededor me hace ver que soy muy sola. Y que sola tengo que resistir lo que

111

me espera el lunes. Mis preocupaciones no son de carácter doméstico, Chinito.

Yo quiero que mi nombre crezca, para ser más fuerte y más importante, para defender mejor mi pueblo.

Para batallar contra la burguesía hay que ser fuerte, y yo quiero volver a Chile con nuevo motor.

Si se tratara sólo de problemas caseros todo sería muy simple, pero hay un país que espera mi trabajo y el tuyo. Tú también has de tener esta conciencia, porque has despertado a la vida a mi lado y yo tengo fe y confianza en ti, a pesar de lo celosa que soy. Soy celosa porque si te pierdo a ti no soy yo quien va a perder. Es Chile, ese paisito que tú tanto quieres, y por el cual tú vas a realizar un trabajo. La vida de los campesinos y de los obreros. La Nati y don Graviel, te están esperando en Malloa y en Puente Alto. Tú has escogido el sacrificio de tu vida por amor a esta gente, gente que yo también amo, por eso también tenemos que seguir unidos...

N'est ce pas Gedeon? (frase de Pinochio)

Te necesito en este momento de gran pena mía. Necesito que tu mano me sujete en esta caída. Y que tu palabra me recuerde que estoy viva, y que el camino aún es largo. Estoy muy solita con esta montaña en el corazón. De hoy al lunes tengo que esperar así adolorida y solita.

Tuya

Violeta

7

Pregunta: ¿Pero entonces sabía usted bordar, usted había aprendido?

VIOLETA: No, nada. El problema es lo más simple del mundo. No sé dibujar.

Pregunta: ¿Entonces usted ha inventado todo de nuevo?

VIOLETA: Sí, pero todo el mundo puede inventar, no es una especialidad mía.

VIOLETA

Era un jueves y el lunes siguiente se sabría el resultado. No tuve valor de ir. Me quedé encerrada en mi pieza de pensión y le dije al Ángel que fuera a saber. Mucha gente entraba y salía de la pensión. Yo sentía los pasos de todos subiendo la escalera. Sabía los minutos exactos que Ángel se demoraría en ir, el tiempo que demoraría allá, los minutos que le tomaría en volver. De repente distinguí sus pasos, me asomé, yo estaba triste, tenía un miedo terrible. Y lo vi llegar. Traía su cara como un sol. Entonces lloré.

113

¿Cómo iba a exponer yo en el Louvre, yo que soy la mujer más fea del planeta y que venía de un país pequeño, de Chillán, del último confín del mundo?

Pregunta: ¿Dibuja usted sus tapices antes de hacerlos?

VIOLETA: No, no puedo. Cojo un pedazo de tela de saco, me instalo en un rincón y comienzo a trabajar en cualquier lugar de la tela que me rodea. En lo que se refiere al Cristo que figura en una de ellas, comencé por un dedo del pie y después fui subiendo, subiendo. Con los colores, hago lo que puedo, con lanas que poseo.
Para el Cristo sólo tenía amarillo y azul y me las arreglé con eso.

Violeta Parra no es desconocida en Francia.

Los aficionados a la música popular conocen sus grabaciones de canciones chilenas, recopiladas recorriendo pueblos y campos, sierras y litorales de su país. Saben también que contribuyó a enriquecer el folklore contemporáneo, creando a su vez cantos y poemas auténticamente chilenos aunque profundamente personales.

Por primera vez en París, presenta otro aspecto de su talento, con un conjunto muy original de arpilleras, de pinturas y de esculturas.

Música y cultura quedan vinculadas para Violeta, que pasó naturalmente de una a otra y que ve *en cada canto un cuadro listo para ser pintado.* Sobre telas o arpilleras naturales o de color, borda a grandes puntos, imágenes de lanas vivas que ilustran un cuento, una leyenda de Chile contando la pobreza del pueblo, o también un episodio de su propia vida.

114

Utiliza un lenguaje poético y simbólico, dando un significado a cada tema, a cada color, sin por eso descuidar el lado plástico de su obra. Cada una de sus arpilleras es una historia, un recuerdo, o una protesta en imágenes.

Sus pequeños cuadros tienen un carácter más íntimo. Son poemas intensos y graves de su vida difícil y valerosa. Con sus esculturas de alambre, el sueño se instala en su universo plástico: sueño tejido de pájaros y de palomas, toros y llamas, árboles que cantan y personajes de leyendas.

Instintiva y voluntariosa, Violeta Parra se apodera del mundo y de él hace su obra. Anima, da movimiento a todo lo que ella toca. Da una vida precisa, original a las palabras y los sonidos, las formas y los colores. Es una artista total. Música, pintora, escultora, ceramista, poeta, en fin, como su hermano Nicanor y su amigo Pablo Neruda.

YVONNE BRUNHAMMER
Museo de Artes Decorativas. Louvre
8 abril, 11 mayo 1964

ISABEL

La Violeta tenía una manera de bordar estas arpilleras que no necesitaba extenderlas: trabajaba por cuadrados, por fragmentos, y cuando se abría, al final, se veía el dibujo completo. Así yo recuerdo, por ejemplo, que hizo el «Combate naval de Iquique».

Pregunta: ¿Qué tema de tapicería está usted haciendo ahora?

VIOLETA: Es un episodio de la historia de Chile.

Pregunta: Entonces, ¿este episodio lo hace usted sin mirar el trabajo en conjunto?

VIOLETA: No. Como tengo la intención de hacer un episodio de la historia de Chile, esto debe salir.

Pregunta: ¿Pero cómo lo hace? Nunca la veo extender la arpillera.

VIOLETA: Porque el tema lo tengo en la cabeza.

¿Por qué estos personajes de lana, estos animales, estas flores, estos racimos, estos bordados, estas novedades tiernas y violentas conmueven tan certeramente nuestra sensibilidad? Sin duda porque Violeta Parra no hace de ellas elementos decorativos nacidos de su pura imaginación, sino retratos de gentes que ella ama o no. Restitución de recuerdos de Chile sobre tela para glorificarlos y exorcizarlos. Se asiste al nacimiento de una obra, de un mundo en que violencia sorda y ternura fecundante se corresponden. Nacimiento de una obra, pues no hace más de seis años que Violeta Parra hace tapices. Sin embargo sus obras sobrepasan los encantos fáciles y engañosos del exotismo o del folklore de pacotilla. Obras inocentes, primitivas, pero cargadas de experiencia, ricas en técnica y trascendencia vital

M. M. Brumagne, *Tribune,* 1965
23 de abril 1964

Mi abuelo por parte e maire
era inquilino mayor,
capataz y cuidador
poco menos que del aire;
el rico con su donaire,
lo tenía de obliga'o
caballerizo monta'o,
de viñatero y rondín;
podador en el jardín
y hortalicero forza'o.

Todo esto, señores míos,
por un cuartito de tierra
y una galleta más perra
que le llevaba a sus críos;
algunos reales, ¡Dios mío!,
pa' alimentar quince humanos,
sin mencionar los hermanos
que se apegaban al pial;
Don Ricardo Sandoval
cristiano entre los cristianos.

ANGEL

Violeta nunca quiso fingir que era otra cosa que lo que era. Nunca ocultó su clase, porque en el fondo se sentía orgullosa.

Ningún trabajo le daba vergüenza. Me acuerdo cuando en el barrio de la población Barrancas ponía un pequeño anafe a parafina en la puerta de la casa y se ponía a freír sopaipillas. Para ella el trabajo era la categoría mayor, el valor principal del ser humano. No le gustaba ceder, arrinconarse a llorar. Era luchadora como ella sola.

Pero te aclaro: ella nunca dudó de que lo que hacía era genial, importante, único. La Violeta que lavaba su ropa en plena amanecida de invierno, es la misma que expuso sus tapices en el Palacio del Louvre de París.

VIOLETA: En mi país hay muchos desórdenes políticos. Eso no me gusta nada, entonces no puedo protestar, pero con mis cuadros puedo hacerlo.

8

Mon Chino:

Je travail jour et nuit, voilà la raison de mon silence. Nicanor il est partie le dimanche dernière. La Rotchild est vraiment une grande dame. Elle est venu Mercredi passée, et m'a donnée mes set mil nouveau francs. Arturo Prat mon ami aristocrate chilien, m'achettée la tapisserie jaune, le guitariste, tu te souvient. Mais il payera à Nicanor au Chili 500 dollars. Il a aussi pris un masque.

Je refais alors, le deux guitariste negro y amarillo, le cloun, le petit oiseau, et en plus, une autre que j'avais comencée avant l'exposition. A part ça, les affaires domestiques, les tramites, etc.

L'Embassadeur de Checoslovaquie il est venu me voir et m'a parlée encore un fois du voyage à Prague. J'attend une letre de lui avec tout le condition. Je reçu te deux lettre.

Je vien d'ecrire plusier lettre avec de catalogue a varios huevones pour faire des expositions avec eu. Ce tout mon Chino.

Lundi il n'y a personne a l'Escale;

Je peut pas aller en Suisse mon Chino. Je voudrais bien être avec toi. Je suis à toi, mais tu sais bien, en ce moment, je dois rester ici.

Un architexte que travaille avec Le Corbusier est venu me voir il etais enchanté de mon exposition.

Je vus des gens tres interesante...

Tuya

Violeta

119

Mi Chino:

Trabajo día y noche, ésa es la razón de mi silencio. Nicanor se fue el domingo último. La Rotchild es verdaderamente una gran señora. Vino el miércoles pasado y me trajo mis siete mil francos nuevos. Arturo Prat, mi amigo aristócrata chileno, me compró la arpillera amarilla, el guitarrista, tú te recuerdas. Pero le pagará a Nicanor en Chile quinientos dólares. También se llevó una máscara.

Yo los vuelvo a hacer entonces, los dos guitarristas, negro y amarillo, el clown, el pajarito, y además otra que comencé antes de la exposición. Aparte de esto, los asuntos domésticos, los trámites, etc.

El embajador de Checoslovaquia vino a verme y me habló una vez más del viaje a Praga. Espero su carta con todas sus condiciones. Recibí tus dos cartas.

Acabo de escribir varias cartas con catálogo a varios huevones para exponer con ellos. Es todo mi Chino.

El lunes no hay nadie en la Escale.

Yo no puedo ir a Suiza mi Chino. Quisiera mucho estar contigo. Yo soy tuya, pero tú sabes bien, en este momento tengo que estar aquí.

Un arquitecto que trabaja con Le Corbusier vino a verme, estaba encantado con mi exposición.

He visto gente muy interesante.

* * *

Chinito:

¿Recibiste mi carta? Hace muchos días que te la mandé.

Aquí todo va ocurriendo doucement. Estamos en los últimos 11 días de mi exposición. Se acerca la hora yo me siento triste. Será un día terrible el 11. No me gusta. No he tenido nuevas noticias del embajador de Checoslovaquia. He tenido visitas muy importantes en el museo.

Roberto Matta, quien esta vez se portó como un amigo. Le gustó todo. Dijo que todos los cuadros eran lindos y que había que hacerlos en tamaño grande. Me va a ayudar porque está contento con mis trabajos. Un director de museo en Italia vino también, me prometió ayuda. Una directora de un museo en Rotterdam lo mismo. Un director belga igual. Ahora hay que ver cuál va a funcionar realmente. Una orfebre italiana me habló de un Palacio en Florencia. Yo tengo que creer la décima parte de todo este arco de flores. Puede ser sí, y puede ser no.

El 7 empiezo a trabajar en el teatro de Plaisance, cuatro actuaciones a la semana durante un mes.

Ángel ya está en Chile, conversando con su tío Nicanor. Chabela quiere seguir a su hermano.

Hay varios compradores posibles. Estos últimos días son los definitivos. En el fondo, yo quiero conservar la exposición tal como está.

Estoy como triste, pero no tanto. Me parece que es la preocupación de no saber exactamente cuál será mi destino después del museo.

No me he cambiado de casa.

*Felicitaciones por su película. Yo estaba segura de usted en su traba-
jo. No podía salir mal, después de tantos sacrificios. Ese es tu trabajo.
Mucho cariño para ti de la señora Pérez.*

Te besa

Violeta Parra

París, 1.º de mayo, 1964

EVE GRILIQUEZ

*(Eve, productora radial, habla de esta etapa del trabajo de Violeta en el Théâtre
de Plaisance.)*

El encuentro con la gente es casi siempre el hecho de la casualidad; uno
dice: me encontré con fulano o fulana en tal época... con Violeta Parra
fue muy sencillo.

En enero del 64, habíamos decidido organizar en el pequeño teatro de Plaisance, rue du Chateau, una noche de poesía latinoamericana, eligiendo a cinco grandes poetas, como Miguel Ángel Asturias, Pablo Neruda, Helvio Romero, Nicolás Guillén y César Vallejo.

Para crear un clima e ilustrar esta parte poética, había decidido asimilar a músicos, en lo que correspondía a Pablo Neruda. Un día Virgilio Rojas me dijo que de Chile había una persona llamada Violeta Parra. Así la conocí.

Vivía en la rue Monsieur le Prince, arriba de la Candelaria y un día fui. Tropecé con Jean Vienner, que también había venido a visitarla y que no dejaba de repetir que era una gran artista, un gran músico, aunque poca gente la conociera en París.

Siempre lo recordaré a él repitiendo: «Violeta es realmente una gran artista, Violeta es realmente un gran músico», y ella calentándose las manos en su pequeño camping-gas.

Se organizó el espectáculo, y para lo de Chile cantó; cantó folklore, cantó canciones suyas, cantó textos de Pablo Neruda que había musicalizado.

El teatro era pequeño, se llenó y hubo mucho entusiasmo.

De aquel espectáculo queda una crítica hecha por Charles Dovzinski, donde dice que la revelación de la noche vino de Chile, de aquella pequeña mujer que inclinaba la cabeza, así, de manera humilde y que cuando la levantaba traía todo un universo.

Más tarde, gracias a ella o por culpa de ella pensé hacer otro espectáculo que sería como la emanación de lo mejor en una especialidad. Y eso venía de Violeta porque yo había quedado muy impresionada por su manera de cantar.

Y es así como hicimos un espectáculo llamado «VIVIR», donde Vienner hizo las músicas intermediarias y donde habíamos puesto poemas de Nazim Hickmet, que hilvanaban el tema de la vida, la expresión en la vida.

En este espectáculo estaba Christine Sèvres, mujer de Jean Ferrat que era una excelente cantante, estaba Bachir Touré diciendo poemas africanos, otro actor, Jaques Degors, y yo diciendo blues en francés... y Violeta con sus canciones. En el hall de entrada había hecho una exposición de sus arpilleras.

La volví a ver antes de que ella volviera a Chile porque tenía otro proyecto que nunca vio la luz. Era hacer un disco sobre los poetas latinoamericanos. En aquella ocasión y gracias a ella, conocí a Jean Claude

122

Casadesus que ahora es un famoso director de orquesta. Me decía ella que lo veía como el único músico francés capaz de tocar las marimbas que yo necesitaba para acompañar la poesía de Miguel Ángel Asturias. Había nacido entre nosotras una simpatía recíproca. Violeta no era muy fácil, era más bien salvaje y no era fácil comunicarse de inmediato con ella.

Nunca más la vi.

Cuando supe de su muerte, y cuando oí a tanta gente hablar de ella la veía con su sencillez, sus gentes. Conocí a otros miembros de su familia.

Un día me dijo: «Mi hermano está aquí, quisiera que lo conocieras». Y vi un señor tranquilo, radiante, de pelo blanco: Nicanor.

En un espectáculo en Corbeil había tocado con un flautista Gilbert y allí también vi a Tita. Tendría como ocho años, estaba a su lado, tocaba el bombo y cantaba también. A Isabel la había visto en una pieza de teatro, ella actuaba en la *La Rosa de papel* de Valle Inclán mise en scène por Víctor García, en el marco de los espectáculos organizados por Perinetti y cuyo director musical era Jean Claude Casadesus.

Violeta Parra es una mujer que marcó; que me marcó y que seguro nos marcó a muchos.

Con Eva Griliquez y los artistas del teatro de Plaisance.

Chinito:

Un segundo después de tu llamada, llegué yo a la Candelaria, y me caí 50 km. bajo el suelo cuando me dijeron que habías llamado. Por suerte tenía en las manos tu carta, y con ella me conformé. La Chabe, me dijo de escribirte al tiro y así lo hice, mañana mandaré a primera hora esta cartita para mi chino que seguramente se habrá puesto triste de no encontrarme cuando él me llama desde tan lejos. Y yo estaba esperando cada día que llegue el viernes. Yo, para el año nuevo, trabajé como una vaca. En L'Escale y la Candelaria. A las seis de la mañana me acosté agotada y completamente triste. Un año nuevo sin ti. Mala suerte. Tengo un hombre fantasma. ¿Cuándo tendré un compañero a mi lado? Parece que los chinitos no se han hecho para mí. Parece que no estoy en este mundo porque siempre me encuentro volando muy sola. El dolor que tenga, tengo que tragarlo como si fuera una bestia de la selva. No tengo con quién hablar. Toda mi vida fui muy sola por eso me he metido en tanto camino. Muchas espinas. Muy oscuro. Muy seco todo y muy salado. ¿Quién eres tú? ¿Por qué te llamo tanto? ¿Y por qué tú no escuchas si grito muy fuerte? ¿A quién tengo que llamar entonces?

Las piedras se están durmiendo. Abajo canta y aplaude la gente. Parece que están contentos. Yo cinco pisos más alto, hablándote cosas que no alcanzas a comprender. Te digo que estoy triste. Te digo que estoy sola. Te digo que estoy muerta. Necesito un ataúd y un discurso ridículo.

Nicanor está muy lejos también. Mi mamá, más lejos aún. Tú no entiendes mi idioma. Sin embargo me parece que los sonidos de mi voz son más o menos claros. Entonces tengo pena.

Es hora de trabajar. Los alambres se tejen muy rápidos. Las lanas se incrustan y combinan. La música sale a raudales, pero el Chinito no escucha mi voz, ni entiende cuando le digo que tengo mucho frío. Así es la muerte, mucho frío, adentro y afuera.

Las flores el sol y paisajes, son para adornar los muertos vivientes. Las estrellas para alumbrar las tumbas, y los fuegos de artificio para celebrar los enfermos y los miserables. Viva el año nuevo, para la tonta, más tonta de las tontas. Bueno, entonces, Chinito, quédate con tu oído sordo, para que yo tenga más pena cada día. Y ahora me dices que no resistes la casa. Y yo que quiero tanto mi casita de Genève. El invierno se ha metido en el fondo de mi alma y dudo que en alguna parte haya primavera. Mi corazón es un pedazo de ladrillo y adentro de la cabeza tengo un enredo de hilo de fierro. Tengo 46 años a disposición del viento fuerte. Que me lleve para donde él quiera. Que me arrastre para allá, muy allá.

No vayas a creer que ésta es una carta de reproche. No es nada más que un estado de ánimo. Duermo, como y trabajo. Como un verdadero Buey. Lo que pasa es que me gustaría tanto hablar contigo de persona a persona, así como los pájaros cuando se encuentran en las ramas de los árboles, y como es invierno, no hay ramas de árboles y entonces los pajaritos se esconden o se mueren. ¿Cómo te llamas tú, Chinito? ¿Gilbert piedra? Entonces yo soy Madame piedra. Porque un 4 de octubre te casaste conmigo.

Una cordillera, un océano, un mural, un zoom.

¿Cuánta vida transcurre en el tiempo que no te veo?

Este cementerio que es la vida, a cada momento me muestra sus nichos y sus cruces. Y como yo tengo mucho miedo, yo te llamo para que me tomes de la mano y me ayudes a pasar por este puente peligroso.

Un vaso de agua. Una nota de música, un pedazo de pan. Eso es todo lo que pido, pero que vengan de tu mano. De otra manera no. Me dices que en 15 días más vas a mostrarme un trabajo que estás haciendo. ¿Cómo voy a poder verlo si estamos tan separados? Estando tú allá y yo aquí, no podré ver nada. Medita bien bien, Chinito. Y sobre todo no exagerar en esto de las separaciones. El tabaco no es alimento. Los que no se quieren, que se separen.

¿Dónde está mi Chinito? ¿Quién es mi Chinito? Quiero ver a mi Chinito, quiero pegarle. Quiero meterle los dedos ahí, detrás de los dientes. Ahí está calientito.

¡Chinitooooooooo!

Yo soy tuya

Violeta Parra

* * *

Gilbert gringo:

Toda la semana esperé tu respuesta, pero me parece que tú estás economizando letras y tinta. Como yo no estoy economizando nada, te escribo de nuevo. La ola de tristeza ya está muy lejos. Ya no me importa nada de nada. Cuando llega el trabajo, llega también la alegría. ¡Qué maravilla es

el trabajo! *La fuerza me crece y la vida me parece más bella. Me llegó una invitación de una importante galería de Lausanne para exponer el 30 de octubre. Me dan todo tipo de ventajas. Acepto encantada. Significa que tengo que ir a Lausanne. Cerca de Genève, la tierra del gringo.*

La Chabela está muy triste, porque dice que tú le prometiste venir a filmar su pieza de teatro. Sólo queda una semana de actuación y ella no va a tener su recuerdo.

Yo le dije que no hay que creer promesas de hombre, que todos son una plasta. Fíjate que yo tengo un hombre que no se preocupa para nada de mí. Si yo me reviento... me reviento pues. Por suerte que tengo la buena costumbre de curar yo misma mis heridas, de lo contrario tendría que andar buscando doctores para el corazón y también para lo demás.

La familia Parra se va para Chile pronto. *Están haciendo sus trámites. El asunto va bien. Recibí carta de Nicanor con mucha noticia. A Ángel le va regio en Chile.*

Me parece que tú estabas haciendo un documental de una señora que expuso en el Palacio del Louvre. Una película corta creo. También creo

que estabas arreglando una carta de la misma señora. Pero a lo mejor yo me equivoco. A lo mejor es pura idea mía. Yo no estoy muy segura. Alguien parece que vino con una maquinaria. No me acuerdo muy bien y se fue una mañana cuando yo estaba durmiendo. Me parece que me besó la cara o bien he soñado todo eso, porque si realmente hubiera ocurrido, yo habría recibido la guitarra o la película. Debe ser todo pura idea. Pero me gustaría que tú me ayudaras a aclarar este problema. ¿Crees tú que existe tal guitarra y tal film? ¿Crees tú que ha venido alguien con una máquina muy linda por aquí? Era un caballero que tenía mucho sueño. Parece que era rubio. Sí. Ahora veo. Era completamente sin pelo. Tenía tres o cuatro. ¡Qué otro detalle, qué otro detalle! ¡Ah! Se lavaba los pies todas las noches. Y le gustaba el salami con vino y pan.

Todo esto tiene que ser cierto, porque cómo voy a estar inventando o soñando guitarras con salami, pantalones con rubio adentro, que se lava los pies. Seguramente que este caballero debe andar por alguna parte. Total, salami hay en todas partes. Y agua para lavarse los pies también. Lo que no comprendo es por qué se pone pantalones, para decirme que va a arreglar una guitarra, porque la guitarra puede arreglarla perfectamente sin pantalones.

Así es la vida, exactamente como va escrita en esta carta. Una pelotera que no la entiende nadie. El chico Bravo está en París. No lo he visto todavía. Y un caballero con una guitarra me besó en la cara una mañana. ¿Cómo te va Gilbert? Qué distintos son los hombres con una máquina en la mano. ¿Te acuerdas en Chile de una folklorista que conociste una noche cualquiera?

Total, un clarinete adentro de un cajón y una mentira que vuela como una mariposa que vuela alrededor de la luz.

Eso es, un pantalón y cuatro pelos de un gringo que me dijo adiós cuando yo estaba medio dormida. Eso me pasa por poner el oído cuando una voz dice una palabra linda. Aquí estoy ahora tratando de recordar si este clarinete pertenece a un ser de este mundo o del otro.

Si los pantalones, si la guitarra, si el salami, si los cuatro pelos, si... Y además aquí hay un clarinete.

Nadie toca aquí clarinete. Sin embargo aquí está acostadito tranquilito en un cajón.

No entiendo nada. Si tú lo ves por ahí a ese caballero que se lava los pies todas las noches, dile que los pantalones, el salami y el vino y la guitarra y el clarinete. Y que bueno pues. Que todo es muy claro a pesar del beso en la cara.

La familia Parra se va a Chile pronto.

Tengo que ir a Lausanne cerca de Genève. Posiblemente traslade la exposición a la galería Difar en la Vielle Ville.

La familia Parra se va a Chile prontito.

Yo me llamo Violeta Parra, pero no estoy muy segura. Sólo que el clarinete está aquí adelante de mis ojos. A lo mejor toca solo. Voy a verlo. Su madera es suave. Como es suave la piel de un tipo que dormía a mi lado y se lavaba los pies. ¿Es posible que un hombre se transforme en clarinete?

Vuelvo a fines de septiembre para mi exposición en Lausanne.

Ven a buscar tu clarinete.

Tráeme mi guitarra.

Quiero despedirme de ti.

Se va la familia Parra.

Aquí hay una botella de vino y pan y salami y también hay una mujer muy fea, muy chiquitita, muy llorona, que no sabe nada de la vida, que

128

no entiende nada, que no sabe de dónde le viene tanto golpe duro. Aquí está llorando porque no sabe qué pasa ahí fuera.

Violeta Parra

Santito:

1.200 Kms. recorrí en un día para darte la sorpresa. Así soy. Ahora me voy a Chile para estar sólo unos días. Así soy. Los actos hablan más claro que las palabras.

Muy bien que le escribas a Madame Colette Rodde. Ella está muy preocupada por mí. Recibí de ella una linda carta.

Pienso mucho en mi ropita. Yo tengo número 42 y no 44. Nunca sé exactamente si soy grande o chica. A veces me siento niña de 15 años y otras veces parece que tuviera la edad del mundo.

Sin mi ropita no puedo partir.

Tengo plomo de andar tan pobre.

No quiero que me miren mal los quiteños.

Ya me quedan sólo 15 días. Estoy esperándote. Es mi única preocupación. Quiero llegar correcta a Chile.

Tu carta podía ser muy linda.

Hay algunas ideas muy buenas pero no desarrolladas.

«El paraíso de los santos».

Los pajarillos haciendo ruido en la cocina, el ratón envenenado, la llegada de la Violeta. Son cuatro ideas que desarrolladas pueden dar una linda carta. Hay que soltar el pensamiento, y no economizar escritura.

Esta tremenda camioneta, que de un estornudo me puso allá. Esta filmadora que abre el ojo y te copia todo. Un grabador que abre el oído y se traga la «Java» maravillosa. Seguramente que se harán lindas cosas. Ha pasado tiempo, pero no inútilmente. Estamos casi listos para partir en esta Gran empresa de trabajo.

Pero yo no puedo arriesgar tiempo, dinero y fuerza. Quiero que la vida de la camioneta y la mía sea larga y provechosa, para eso estudio. El curso de aprendizaje es indispensable para todo oficio. Hay que saber manejar todos los aparatos para que den buen resultado. Se gana tiempo y esfuerzo.

Yo no sé por qué borraste tu pintura mural. ¿Me puedes explicar por

qué? Puedes hacer mil cosas que con visitas no se hacen. Si recibes mucha gente no serías tocador de bombo y de quena ni habrías podido comprar tanta cosa. Estamos contra todo para subir. Que se vayan al diablo los otros.

Me gustó mucho ver los muros tan limpios y tu ropa lavada. Si haces un poco de orden todo será perfecto. Yo no veo a nadie tampoco. Trabajo, pienso y hago proyectos. No me gusta la gente que me roba el tiempo. Yo personalmente pasé por tu lado como un rayo. Te llevé un poco de alegría y un poco de molestia. Pero no te robé tu tiempo. Viajé 16 horas para verte sólo una hora. En este momento estoy atendiendo mi galería, y como hay calma te escribo. ¿Ves?

En septiembre cuando regrese de Chile, estaremos juntos unos días, pero al mismo tiempo trabajando. No tenemos que perder ni un minuto. Ensayaremos el dúo. Quena y tambor. Guitarra y tambor. Cuatro y guitarra. Todo. Ayer te enseñé algo en el cuatro. No te olvides.

130

Repasa bien los ritmos.

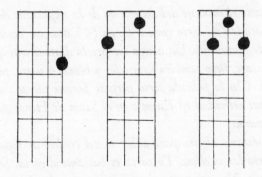

No te lamentes de estar solo.
Acuérdate que antes estuviste muy acompañado y perdiste todo tu tiempo.

131

Tienes que viajar con visa de emigrante. Hace tus trámites con antici-
pación. Puedes llevar todo así.

Santa Violeta

Te espero el 12. Mi ropita linda. Quiéreme.

Gilbert:

Aquí tengo mi billetito que me has mandado. Cuando subía a leer tu
carta, la dueña del hotel me cobraba el arriendo de la pieza. Quiere decir
que le pago a ella y me quedo con 30 frs. y me salvo por una semana. Ni
zapatos tengo. Quisiera pedirte una cosa. ¿Podrías pedirme en una tienda
un crédito de ropa? Tú sabes cómo me olvido de mí por comprar los fierros
para mi trabajo. Las botitas que me compré en Genève, me las quitó la
flaca. No tengo abrigo, nada. Entonces necesito un abrigo lindo para ir a
Chile como la gente, talla 44, un par de botas largas negras número 35 ó
36, aunque prefiero 35, dos vestidos de invierno, un gorrito, ropita inte-
rior y una maleta. Si me consigues este crédito, entonces no me mandas di-
nero y pagas poco a poco el crédito. Dime, Gilbert, si esto es posible. No
tengo qué ponerme. Y todo lo que tengo es feo y gastado. No es que me
haya vuelto pretenciosa, es que me veo muy pobre. Y además en Genève
todo es más barato.

Aquí estoy atendiendo mi galería justo el día 12 de agosto. He teni-
do contacto con gente interesante.

¿Hiciste el montaje del documento de la exposición de V.P.? Como es-
toy preparando mi corto viaje a Chile (45 días en Santiago) me gustaría
llevar este documento. Un amigo me prestó diapositivas que él tomó el día
del vernissage, llevo también fotos color y blanco y negro, pero todo esto no es
suficiente. Con la película sería perfecto porque pienso dar una conferencia
de toda mi actividad en Europa en el Salón de Honor de la Universidad.
¿Qué te parece?

Contéstame al tiro para saber lo del crédito de ropa. No quiero ir a
Chile como las infelices. Tu carta es bastante diversa. Se diría que ya no
me quieres. No me ocultes la verdad por nada del mundo. No se sabe
nada de nada. Tú haciendo películas y yo exposiciones y con la boca muy
abierta cuando canto cuecas. Tú en Genève, yo en París. Tú con la cabeza
bien dura, yo también con la cabeza de fierro.

Puede que tengas penas, puede que yo también tenga pena.

Puede que se fue el amor y puede que no. El gato y el ratón, se ve que juegan a la Violeta y Gilbert. ¿Cuál será la verdad, no?

Ocho clases he tomado. Ya camina un auto por las calles, claro con el profesor al lado. Es difícil sobre todo para mí, que quiero comprender desde el fondo del motor. Tengo que meterme en la cabeza todo un lenguaje nuevo. Me gustaría abrir un hombre. Pero las dos cosas son imposibles. Si abro el hombre se pone a gritar, si abro el motor del auto se enoja y no camina más.

¡Qué lindo el billete suizo! ¡Qué lindo cuando lo estabas poniendo adentro del sobre! Era para mí. Supieras cuánta ternura salió de mi corazón cuando lo vi. Yo no amo el dinero, pero el caso es que salió de tu mano y eso es lo que me da alegría. Tú no entiendes cómo soy yo. Tú no sabes lo que significa para una mujer chilena el dinero del hombre de una, claro que yo no sé si tú eres mío. Ese es el misterio.

Bueno, Gilbert, gracias y vuelvo a rogarte que consigas ese crédito de ropa para la tonta. ¿Sí, cabeza de piedra? Escríbeme al tiro entonces. De Chile no he recibido ninguna carta. Todos mis hijos, completamente huevos rotos.

¿Cómo te va mañoso?

¿Cuándo te veo?

Violeta Parra

VIOLETA

Recibí una carta de Chabelita en que me da a entender que la cosa no va bien para ellos, me llaman, me necesitan, están llorando, tienen pena, tengo que ir a Chile a ver a mis grandotes.

Bella mía:

Su carta fue el mayor alimento al llegar a esta ciudad.

¿Le cuento? Me puse a pintar, pero antes me fui «en face» para buscar madera de cholguán o alguna tela. Allí en esos cuartos repletos de cosas viejas y basura encontré los zapatitos viejos de ustedes, dos juguetitos y ropita de mis dos chincolitas. Mi corazón estaba muy chiquitito, como el de

133

una *hormiguita. Anduve con tus botas café en la mano un buen rato. Entonces me molestan mucho, porque necesitaba mis manos libres. Decidí dejarlas bien despacito adentro de un tarro, y ahí están calladitas las botas de mi compositora. Hay una cosa que no me gusta nada. ¿Cómo se le ocurre que se va a ir al campo por tres meses, completamente sola? Jamás mi linda. ¿Sabe usted cómo son los demonios cuando ven a una niña sola por los jardines?*

Yo quiero que cada cosa que usted haga, la medite con inteligencia. Yo la he dejado con su hermano, porque sé que usted no es tonta y porque tengo mucha confianza en mi loquita. Cuénteme cómo marcha la casa. No pelee con la Tita. Péinese y lávese su lindo pelo. ¿Así es que de nuevo le cortaron el pelito a mi tolondra? La Chabela sabe el gran dolor que me da en el corazón, cuando le cortan el cabello a las niñitas, y no le importa. Bien no más.

La Tita que había prometido no dejarse cortar más la cabeza (como decía ella cuando estaba más chiquitita).

Cuando me dé alguna información de mi casa, démela completa.

Partió ya Nicanor. ¿Cómo estará la salud de mi mamita? ¿El trabajo de mi casita sigue adelante?

....

La voz de Ángel es sagrada. Aunque se caiga el mundo. Aquí escuché su disco con atención y cariño. Es muy lindo, pero hay fallas que corregir y superar. Es el mejor cantor chileno del momento, pero que no se tuerza. Ustedes cuatro son cuatro joyas, precisamente por eso hay que ser tan antipática para ver que no vayan pisando en falso. Júntense bien los cuatro como cuatro membrillitos madurando en una misma rama. Tú sé obediente y dulce. Ya que tus problemas son menores. Quisiera tener sólo buenas noticias. Saludos a Silvia* y sus deliciosos comistrajos. A Rolando* y su cálida amistad a pesar de los encontrones que hemos tenido. Yo lo quiero y punto.

Tengo rabia porque una mano se llevó el vino que me había traído el Rolando el día del Malón. Ese vino era mío. Esa mano tiene que devolvérmelo. Recuerdo bien, era una mano estirada con cinco dedos que se enroscaron y que hicieron desaparecer mi damajuana. Linda. Hay que decirle a esa mano, que yo no estoy de acuerdo, y que por el contrario, estoy bastante picada fíjate.

---

* Silvia Urbina y Rolando Alarcón.

Con su hijo Angel (1965).

Aquí me parece que voy a terminar.

Que Camilo me mande el contrato de las cuecas. Esas cuecas son fenomenales. Habría que ponerlas en las maquinarias tocadoras de discos de todos los boliches de Chile, que se preocupe la Chabe.

El que quiera vivir sano, haga su cama temprano.

Hay que dominar todos los instrumentos. Canciones de buen gusto se necesitan. No tengo un cobre. Diez francos suizos en total. Te pongo el pelo en las orejitas y te canto:

> *Que de noche...*
> *lo mataron,*
> *al caballero...*

Violeta Parra

VIOLETA

Tengo que verlos rápido, puchas que estoy apenada, si no fuera por tus cartas, y Gilbert, no tendría a nadie... iy necesito tanto cariño!

Pero... iánimo!... vivan todas las artes y viva también la gente buena, viva la ciencia y la técnica. Viva la chacra que siembra el campesino anónimo, y el carbón de piedra que extrae el minero y que viene a parar al 15 rue Voltaire o a otra parte...

Querido Gilbert:

Solamente... hoy tengo fuerza y ánimo para escribirte. Enferma como tonta. Mi mamá ha venido a cuidarme. Hemos hablado mucho de ti. Te quiere ella. Nicanor recibió contento su regalo de discos.

Los chiquillos grandes no viven conmigo. La Chabela se ve un poco mejor que allá. Ha trabajado en la campaña presidencial y en recitales. Ahora está grabando discos. Yo también tengo la intención de hacerlo apenas me mejore. Hace tanto frío, pero hay solcito. La casita está preciosa. Tu perro maravilla de lindo. Amarillo y obediente, pero muy flojo. Un gato que hay es más vivo que él.

En este momento el sol entra hasta adentro y la tetera hierve con mucho entusiasmo. Esta carta te la mandaré pasado mañana para contarte quién sale de Presidente.

Mi mamá no está enojada contigo. Yo tampoco fíjate.

He visto a la Adela Gallo. Es la misma de antes.

Yo creo Chinito que voy a llegar por allá, los primeros días de octubre. Podemos hacer lindas fiestas para los dos, si es que no hace tanto frío. Estoy contratada para la radio. Los cabros también.

El conjunto Millaray es el único que no ha venido a verme. Todo el mundo sí, ellos no. Tienen complejos y envidias.

Nicanor me ha pedido dibujos para ilustrar la nueva edición de su Cueca Larga. *Me pondré a trabajar.*

Las cosas de la casa han desaparecido casi completamente. Sólo me dejaron las camas. Muchos ladrones aprovecharon.

Todavía no he visto a Roberto. Parece que él fuera del conjunto Millaray también, cómo no viene entonces.

Ayer estuvo el Lalo, puro jugar. La Hilda también ha venido. La estúpida no es allendista.

....

Ayer 4, hemos pasado el gran susto. Perdimos las elecciones. Frei salió elegido, y todos los allendistas tenemos pena. La Democracia Cristiana barrió con el allendismo. El golpe es muy duro. Veremos qué sucede ahora.

La gente no paga nada por las películas, la Universidad quiere todo gratis. No tienen gran interés por las cosas que ocurren en Europa. Son así estos ingratos.

Aquí para vivir hay que tener montañas de dinero. Lo único bueno es que aún tenemos el perro amarillo, está lindo y cariñoso. Un gato blanco lo acompaña. El patio completamente pelado. La casa linda como siempre.

Estuve muy enferma. Ya estoy mejor. Esta noche canto en la radio. Contrato por un mes. Las esculturas están unas pocas en 223 rue Saint Jacques, París 5, y las otras están en 29 rue de Seine en la galería. Nicole te las entregará. Trataré de irme lo antes posible. ¿Cuál es la dirección de tu mamá? Llegaría primeros días de octubre. Te quiero mucho.

Violeta Parra

ISABEL

Esa estancia de Violeta en Chile fue muy corta: se regresó a París y a Suiza, donde le filmarían un documental sobre su obra.

Chabelita y Ángel
Carmen Luisa, y Titina:

Mi viaje ha tenido que ser suspendido por algunos días que me parecen interminables. Todo anduvo bien hasta el momento de recibir la carta de Titina (no me escribió la Tolondra) porque en su carta me pedía que llevara a Gilbert. Cuando reflexioné sobre el asunto me pareció absolutamente probable. Entonces hicimos dos recitales más en la casa de la misma dama Grampert que ustedes conocen (la que aprendió a hacer máscaras conmigo) para juntar un poco más de dinero, que juntaríamos con otro dinero que ganaba Gilbert pintando sus muros por ahí. Aquí está el inconveniente, porque nos pusimos a esperar que el trabajo estuviera terminado. No se terminaba nunca, y cuando estuvo, nos encontramos con la sorpresa que su amigo contratista (Daniel, el vecino) se había embolsicado y gastado todo el pago de este trabajo. Sólo anoche se aclaró esto y Gilbert apareció con la cara larga y sólo con 200 francos de los mil que tenía que darle.

De todas maneras Gilbert va pero no conmigo, porque en avión es muy caro y casi no puede llevarse nada. Entonces él viaja en barco y yo en avión. El llevará todo su material para filmar la Tirana y el 18 y posiblemente la Feria de Artes Plásticas.

En este momento yo personalmente estoy a punto de partir con las maletas listas, repletas de regalos y tengo además algún dinero economizado para no llegar con las tres velas ardiendo.

Una de las maletas está lista desde hace dos meses, la otra, enorme, la empecé a llenar, a medida que se llevaban a efecto los recitales. Hicimos 1.600 francos por estas actuaciones. Vendí: el pescado, la gallina, el cristito, tres máscaras y tres tapisseries. Una cuarta casi vendida. Me dieron un anticipo de mil, pero no he logrado saber cuál tapisserie quieren, si una de mil o una de cuatro mil. ¿Se dan cuenta? Ese también es un motivo de espera. A la dama le gustan dos. Una grande que no conocen: Combate Naval de Iquique, y el cristo en fondo negro, ¿recuerdan? Casi seguro que escogerán la grande, 2,5 metros, 2 y 1/2 metros, pero yo no me puedo quedar a esperar más. El sinvergüenza de Daniel prometió tenerle el resto del dinero a Gilbert esta noche. Si eso sucede, cosa que lo dudo, partiríamos yo primero, la semana próxima desde París, Gilbert me llevará en la camioneta, y él partiría, no sé bien claro, a mediados de mes.

Compré todo lo que me encargó Titina. No se compren nada ustedes ahí, porque llevo de todo.

La venta me dio un total de: 1 tapicería chica 800, 1 tapicería no tan chica, 1.200, 1 un poco más grande (el manicero) 2.000 y los mil que se dieron a cuenta por la otra grande. Imagínense cuánto habré comprado.

Otra cosa que me retenía era el montón de trabajo que tengo. Un dueño de galería acepta guardarme todo, y mover las ventas en mi ausencia, es él quien vendió todo, aparte de comprar él mismo una para él...

Junio 65

9

ISABEL

Violeta volvió finalmente a Chile en junio del 65.

Por ese entonces nosotros habíamos creado nuestra Peña, en Santiago, en Carmen 340, y ésta había revolucionado el ambiente musical de la capital.

Largas colas había que hacer para oír a los Parra, Rolando Alarcón, Patricio Manns y posteriormente a Víctor Jara.

La Peña era una casa vieja sin comodidades y los días jueves, viernes y sábados, días de peña, se producían grandes atochamientos en pasillos, patios y corredores; unos cantábamos en una pieza, pasábamos a otra después, nos rotábamos, y con guitarras, cuatros, charangos y bombos nos cruzábamos entre la maraña del público.

La Viola y Gilbert vivieron y trabajaron en la Peña. Estaba muy contenta.

Trasladamos por algunos días la Peña a la FISA, una importante Feria Internacional de Muestras que se hacía todos los años. Por esos días conocimos a Daniel Viglietti. La Viola se asoció con una amiga de Queco Larraín y armaron también una Peña bajo una gran carpa amarilla. Así nos turnábamos para cantar en los dos lugares.

La FISA terminó y un día, al llegar a la Peña con Ángel nos encontramos con la sorpresa de que la Viola se trasladaba con aquella misma carpa a un barrio periférico de Santiago: La Reina. Fundaba la Carpa de La Reina.

En la Peña de Carmen 340 con periodistas de la prensa chilena.

VIOLETA

Yo creo que todo artista debe aspirar a tener como meta el fundirse, el fundir su trabajo en el contacto directo con el público. Estoy muy contenta de haber llegado a un punto de mi trabajo en que ya no quiero ni siquiera hacer tapicería ni pintura, ni poesía, así, suelta. Me conformo con mantener la carpa y trabajar esta vez con elementos vivos, con el público cerquita de mí, al cual yo puedo sentir, tocar, hablar e incorporar a mi alma.

140

Una noche estuve con Violeta Parra en su carpa de La Reina, y no acudían espectadores a pesar que la carpa era una variada caja de maravillas. Me contó cuánto le había costado construir todo esto. La Municipalidad le había cedido un terreno. Era un solar abandonado que en invierno se transformaba en un barrizal, entonces ella se dijo: «Aquí levantaré un Centro de Arte Popular. Aquí se escucharán las canciones desconocidas, las que brotan de las mujeres campesinas, las quejas y alegrías de los mineros, las danzas y la poesía de los isleños de Chiloé». Los planes de Violeta sin embargo se estrellaban contra la dura roca de la indiferencia. Pocos eran los que le tendían la mano.

Diario **El Siglo,** Santiago, septiembre de 1966

ISABEL

Su intención era formar allí un gran centro cultural. El proyecto era muy ambicioso, lo redactó en un cuaderno con tapas negras y se lanzó a pedir colaboración a medio mundo. Le cedieron un terreno en el parque La Quintrala. Lo único que tenía de parque el lugar eran unos álamos que porfiadamente habían resistido el paso de los inviernos.

Para quien no tenía auto, llegar allí era una odisea. La carpa tenía capacidad para 1.000 personas. El apoyo que necesitaba para sacar adelante un proyecto de tal envergadura, no lo tuvo.

Logró el apoyo de algunos cantantes, conjuntos y solistas. Vivió allí con Gilbert y Carmen Luisa. Levantó su casa en piso de tierra. Cada rincón de la carpa era el resultado de sus manos creadoras: arpilleras, pintura, cerámica, artesanía chilena y boliviana. Tenían un pequeño zoológico y hasta una llamita que nunca se supo de dónde la sacaron y un monito tití que no sobrevivió al clima ni a la mistela que le daban a tomar.

En 1966 Violeta viajó a Bolivia, adonde Gilbert se había marchado poco antes para fundar una peña en La Paz. Allá cantó con Gilbert, y se trajo grupos del altiplano a Chile: se presentaron en la Carpa, en la Peña y en la televisión.

Chinito:

Recibí tu atrasada carta.
¡Qué pena que estés enfermo! Estarás con tu ojito chueco.

141

¡Quisiera estar contigo para cuidarte, pero estamos tan lejos! Y lo peor es que tendríamos que estar juntos.

La vanidad separa a la gente. Todos se pelean por tener un sitio de honor. Se separa la familia, los amantes, los amigos, todos se separan por querer tomar una estrella con la mano. Y se pierde lo mejor de la vida en este afán.

¿Me quieres, Chinito?

¿Dónde está tu preciosa cámara de filmar? ¿Has pagado el hotel? ¿Dónde está tu pensamiento? Y ahora te duelen tus huesos y yo no puedo cuidarte.

Una vez Don Otto tenía muy sucia la camisa. En su afán de limpieza, vendió la camisa para comprar jabón. No se entiende nada, dijo don Otto frente al espejo.

Esperaré con ansiedad el fin de abril para recibirte con tus «Choclos».

Yo te escribí apenas llegué de Bolivia, pero tanto es mi trabajo, que no he tenido ni un minuto para mis cosas. Con el charanguito me siento acompañada. Es tu primer regalo para la China. En él está todo mi Gilbert.

Yo le tengo siempre en mi cama, a mi lado. Y le doy besos, y le saco la más bella música. Toda esa música te pertenece. Ya grabé una bella cueca. Mañana grabo la última composición para charanguito.

El sábado tuve 150 personas en la carpa. Tenemos comida para el público: asaditos, empanadas fritas, sopaipillas pasadas, caldo, mate, café, mistela y música. Si vendiéramos la «fondue» sería un éxito.

Todo el mundo tomando mate en la carpa.

Hice un brasero redondo en la tierra alrededor del palo central, bien grande. Diez teteritas, y muchos fierros llenos de carne. ¡Qué maravilla es mi carpa ahora!

ISABEL

Decía la Viola que su decisión de vivir en la carpa era un rechazo absoluto a lo convencional. Un reencuentro con la tierra. No quería saber nada de «alfombras ni de casas de brillante piso».

A veces con liviandad y otras con enorme violencia, nos reprochaba a nosotros, sus hijos, nuestra forma de vida aburguesada. Discutíamos.

142

Decía: «Vámonos todos a La Reina con maridos, yerna, nietos y animalitos, el lujo es una porquería, los seres humanos se consumen sumergidos en problemas caseros».

Venía a mi casa casi a diario, después de ver a Ángel. Jugaba con la Tita, oía a los Beatles y partía a su carpa. Cuando la carpa parecía florecer, se iba a Bolivia a ver a Gilbert.

La última pascua la pasó en nuestra casa. Llegó como siempre, llena de regalos. Nos contó que pensaba viajar por Magallanes, a hacer una gira, aunque no le pagaban lo que ella valía.

(Entrevista en Punta Arenas)

Periodista: ¿Le ha afectado mucho el frío?

VIOLETA: Un poquito, aquí ando con la bufanda de uno de los integrantes de «Las Voces Andinas», porque tengo mucho frío.

Periodista: Mire, parece que las integrantes de un centro de madres adivinaron su problema, porque aquí ha llegado una pequeñita con un regalo para usted. Es un chal de lana gruesa.

VIOLETA: Es una alegría muy grande recibir un regalo de un centro de madres en esta punta de Chile.

Yo vine a Punta Arenas con un poco de susto porque antes no había venido y no sabía si me conocían y si aquí me querían.

Periodista: ¿Y después?

VIOLETA: Bueno, ahora me voy muy contenta, porque no sólo este regalo he recibido, sino otro muy emocionante anoche. Ustedes ven como quedo aquí con los pies colgando en el aire, porque todas las sillas me quedan grandes. Yo soy una mujer sumamente corta, pero anoche ha llegado hasta mi hotel un hombre de aquí, un puntarenense, quien me ha traído una silla pequeña hecha por él mismo y que me queda muy bien, así que me la tengo que llevar para Santiago, y ya nunca más voy a cantar con la punta de los pies colgando.

143

VIOLETA

Creo que las canciones más lindas, las más maduras (perdónenme que les diga canciones lindas habiéndolas hecho yo, pero qué quieren ustedes, soy huasa y digo las cosas sencillamente, como las siento) las canciones más enteras que he compuesto son: *Gracias a la vida, Volver a los diecisiete, y Run run se fue p'al norte*.

Gracias a la vida que me ha dado tanto
me ha dado los ojos con que estoy mirando
con ellos distingo lo negro del blanco
y en el alto cielo su fondo estrellado
y en las multitudes el hombre que yo amo
Gracias a la vida que me ha dado tanto
me ha dado el oído que llevo escuchando
no pierdo detalle grillos y canario
martillos turbinas ladridos chubascos
y la voz tan tierna de mi bien amado.
Gracias a la vida que me ha dado tanto
me ha dado el sonido con que estoy hablando
en el las palabras que voy deletreando
madre amigo hermano y luz alumbrando
~~la ruta del alma del que estoy amando~~
Gracias a la vida que me ha dado tanto

Facsímil parcial del texto manuscrito de «Gracias a la vida».

ISABEL

En enero del 67 —según supimos mucho después— Violeta le escribió una carta a Gilbert, aceptando su proposición de irse juntos a instalar una peña en Oruro, Bolivia.

Pero el 7 de febrero se mató de un disparo con un revólver que había traído de Bolivia para defenderse de los maleantes en la Carpa.

10

Ordeno la despedida señoras y caballeros
la esencia de la verdad es lo que vengo diciendo
y ahora le voy cantando con toda la voz que tengo
desde Ginebra a Til-til, de Helsinki a Montevideo
y lo he de seguir cantando mientras alumbre el lucero
y mientras se me sostenga la fuerza en mi pobre cuerpo
que no me nieguen la tierra donde sembrar mi tormenta
que no me nieguen el ave que ha de llevar mis recuerdos
que se remonte a los aires y a todos los elementos
y que renueve la sangre de todo corazón terco
que reblandezca la lengua de todo dicho grosero
que desempañe los vidrios de testarudos cerebros
que ponga sonrisa en todos los labios duros y pérfidos
que ajuste las decisiones de todo jefe en su puesto.
Hasta mañana compadre que ya me ha venido el sueño
la tinta me está anunciando que todo tiene su término
y aquí termina por hoy la carta que estás leyendo
afuera rugen motores y adentro todos durmiendo
menos el mundo pintado en lana pintura o fuego
aquí están todos mirándome como tranquilos serenos
me cuidan de noche y día, como ángeles celestiales
y como jardín regado colocan mis ojos lerdos
decía que hasta mañana y el hilo sigue el enredo
pero el papel favorece los límites de mi sueño

no quedan más de tres líneas, las luces desaparecen
adentro de mi cabeza, cortinas que me oscurecen
hasta mañana o pasado, porque hoy es sábado y llueve
mañana será otro día, veremos lo que acontece.

VICTOR JARA

El engrandecimiento de Violeta Parra como autora ha dejado muy claro que una canción de contenido social es, y puede ser, una obra de arte. Si revela la dignidad del hombre, si dice que el hombre tiene que ser libre para ser feliz, puede ser una obra de arte, si la sensibilidad del creador, su compromiso con el pueblo y su identificación con él lo lleva a crear una obra de arte. Violeta Parra es un ejemplo maravilloso. Violeta vivió veinte años investigando, viviendo con la gente para decir por qué sufrían. Y las canciones de Violeta Parra en Chile son cantadas por los campesinos, mineros, como si fueran canciones de ellos. Ya es su folklore. Es un canto del pueblo creado por una mujer que vivió los dolores del pueblo. Y eso es canción revolucionaria, y eso es nuevo, y eso puede ser arte y cultura. En la creación de este tipo de canciones la presencia de Viola Parra es como una estrella que jamás se apagará. Violeta, que desgraciadamente no vive para ver este fruto de su trabajo, nos marcó el camino; nosotros no hacemos más que continuarlo y darle, claro, la vivencia del proceso actual.

146

Pregunta: Violeta, usted es poeta, es compositora, y hace tapicería y pintura. Si tuviera que elegir un solo medio de expresión, ¿cuál escogería?

VIOLETA: Yo elegiría quedarme con la gente.

147

Las canciones

A la una

(Cueca larga)

La vida a la una
a la una nací yo,
la vida y a las dos,
a las dos me bautizaron.

La vida y a las tres,
a las tres supe de amores,
la vida y a las cuatro,
a las cuatro me casaron.

La vida a la una,
a la una nací yo,
una, dos, tres y cuatro,
ay, ay, ay, cinco, seis, cero.

Así bailan la cueca
ay, ay, ay, los carpinteros,
una, dos, tres y cuatro,
ay, ay, ay, cinco, seis, cero.

Los carpinteros, sí,
ay, ay, ay, cinco, seis, siete,
así bailan la cueca
ay, ay, ay, los alcahuetes.

Los alcahuetes, sí,
ay, ay, ay, vamos en una,
esta es la cueca larga,
ay, ay, ay, de la ventura.

De la ventura, sí,
ay, ay, ay, vamos en dos,
esta es la cueca larga
ay, ay, ay, de Juan de Dios.

De Juan de Dios, ay, sí,
ay, ay, ay, vamos en tres,
esta es la cueca larga
ay, ay, ay, de Juan Andrés,

De Juan Andrés, ay, sí
ay, ay, ay, vamos en cuatro,
esta es la cueca larga,
ay, ay, ay, de San Morajo.

De San Morajo, ay, sí,
ay, ay, ay, vamos en cinco,
esta es la cueca larga,
ay, ay, ay, de San Francisco.

De San Francisco, sí,
ay, ay, ay, vamos en seis,
esta es la cueca larga
ay, ay, ay, que bailó el rey.

Que bailó el rey, ay, sí,
ay, ay, ay, vamos en siete,
esta es la cueca larga
ay, ay, ay, de los pobretes.

De los pobretes, sí,
ay, ay, ay, vamos en ocho,
esta es la cueca larga,
ay, ay, ay, de los morochos.

De los morochos, sí,
ay, ay, ay, martes y jueves,
esta es la cueca larga,
ay, ay, ay, del diecinueve.

Cierto, martes y jueves,
ay, ay, ay, del diecinueve.

Al centro de la injusticia

Chile limita al norte con el Perú
y con el Cabo de Hornos limita al sur,
se eleva en el oriente la cordillera
y en el oeste luce la costanera.
Al medio están los valles con sus verdores
donde se multiplican los pobladores,
cada familia tiene muchos chiquillos
con su miseria viven en conventillos.
Claro que algunos viven acomodados,
pero eso con la sangre del degollado.
Delante del escudo más arrogante
la agricultura tiene su interrogante.
La papa nos la venden naciones varias
cuando del sur de Chile es originaria.
Delante del emblema de tres colores
la minería tiene muchos bemoles.
El minero produce buenos dineros,
pero para el bolsillo del extranjero;
exuberante industria donde laboran
por unos cuantos reales muchas señoras
y así tienen que hacerlo porque al marido
la paga no le alcanza pal mes corrido.
Pa no sentir la aguja de este dolor
en la noche estrellada dejo mi voz.
Linda se ve la patria señor turista,
pero no le han mostrado las callampitas.
Mientras gastan millones en un momento,
de hambre se muere gente que es un portento.
Mucho dinero en parques municipales
y la miseria en grande en los hospitales.
Al medio de Alameda de las Delicias,
Chile limita al centro de la injusticia.

Amigos tengo por cientos

Amigos tengo por cientos
para toda mi delicia
yo lo digo sin malicia
con verdadero contento
yo soy amiga del viento
que rige por las alturas
amiga de las honduras
con vueltas y torbellinos
amiga del aire fino
con toda su travesura

Yo soy amiga del fuego
del astro más relumbrante
porque en el cielo arrogante
camina como su dueño
amiga soy del ruiseñor
relámpago de la luna
con toda su donosura
alumbra la más furiosa
y amiga de las frondosas
oscuridades nocturnas.

Amiga del solitario
lucero de la mañana
y de la brisa temprana
que brilla como el rosario
amiga del jardinario
del arco de las alianzas
amiga soy de confianza
de nubes y nubarrones
también de los arreboles
en todas las circunstancias.

Amiga soy de la lluvia
porque es un arpa cantora
de alambres y de bordonas

que tuntunean con furia
amiga de la centuria
de los espacios tesoros
y de los ecos sonoros
que guardan los granizales
amiga de los raudales
que entonan su lindo coro.

Amiga de la neblina
que ronda los horizontes
cordillerales y montes
con su presencia tan fina
la nieve por blanquecina
poblados y soledades
bonanzas y tempestades
son mis amigos sinceros
pero mi canto el primero
de todas mis amistades.

Corazón maldito

Corazón, contesta,
por qué palpitas, sí, por qué palpitas,
como una campana
que se encabrita, sí, que se encabrita.
Por qué palpitas.

No ves que la noche
La paso en vela, sí, la paso en vela,
como en mar violento
la carabela, sí, la carabela.
Tú me desvelas.

Cuál es mi pecado
pa maltratarme, sí, pa maltratarme,
como el prisionero

por los gendarmes, sí, por los gendarmes.
Quieres matarme.

Pero a ti te ocultan
duras paredes, sí, duras paredes
y mi sangre oprimes
entre tus redes, sí, entre tus redes.
Por qué no cedes.

Corazón maldito
sin miramiento, sí, sin miramiento,
ciego, sordo y mudo
de nacimiento, sí, de nacimiento.
Me das tormento.

Arauco tiene una pena

Arauco tiene una pena
que no la puedo callar,
son injusticias de siglos
que todos ven aplicar,
nadie le ha puesto remedio
pudiéndolo remediar.
Levántate, Huenchullán[1].

Un día llega de lejos
huescufe[2] conquistador,
buscando montañas de oro,
que el indio nunca buscó,
al indio le basta el oro
que le relumbra del sol.
Levántate, Curimón.

Entonces corre la sangre,
no sabe el indio qué hacer,
le van a quitar su tierra,

1. Huenchullán, Curimón...: nombres de caciques araucanos.
2. Huescufe: demonio.

la tiene que defender,
el indio se cae muerto,
y el afuerino de pie.
Levántate, Manquilef.

Adónde se fue Lautaro
perdido en el cielo azul,
y el alma de Galvarino
se la llevó el viento Sur,
por eso pasan llorando
los cueros de su kultrún[3].
Levántate, pues, Callfull.

Del año mil cuatrocientos
que el indio afligido está,
a la sombra de su ruca
lo pueden ver lloriquear,
planta de cinco siglos
nunca se habrá de secar.
Levántate, Callupán.

Arauco tiene una pena
más negra que su chamal,
ya no son los españoles
los que les hacen llorar,
hoy son los propios chilenos
los que les quitan su pan.
Levántate, Pailahuán.

Ya rugen las votaciones,
se escuchan por no dejar,
pero el quejido del indio
¿por qué no se escuchará?
Aunque resuene en la tumba
la voz de Caupolicán,
levántate, Huenchullán.

3. Kultrún: tambor.

Ayúdame Valentina

Qué vamos a hacer con tantos y tantos predicadores,
unos se valen de libros, otros de bellas razones.
Algunos de cuentos varios, milagros y apariciones
y algotros de la presencia, de esqueletos y escorpiones
mamita mía.

Qué vamos a hacer con tanta plegaria sobre nosotros,
que alega en todas las lenguas de gloria y esto que el otro.
De infiernos y paraísos, de limbos y purgatorios
edenes y vida eterna, arcángeles y demonios
mamita mía.

Que sí, que adoren la imagen de la señora María
que no se adore ninguna señora ni señorita,
que sí, que no, que mañana, que un viernes de amanecida,
que pa dentrar a la gloria, dinero se necesita
mamita mía.

Se ve que no son muy limpios los trigos en esta viña
y la cizaña pretende comerse toda la espiga.
Poco le dice la forma con que ha de clavar su espina
para chupar el más débil que diabla la sabandija
mamita mía.

Qué vamos a hacer con tanto tratado del alto cielo,
ayúdame Valentina ya que tú volaste lejos,
dime de una vez por todas que arriba no hay tal mansión,
mañana la ha de fundar el hombre con su razón,
mamita mía.

Qué vamos a hacer con tantos embajadores de dioses,
me salen a cada paso con sus colmillos feroces
apúrate Valentina que aumentaron los pastores,
porque ya viene el derrumbe del cuento de los sermones
mamita mía.

El albertío

(Rin-danza)

Yo no sé por qué mi Dios
le regala con largueza
sombrero con tanta cinta
a quien no tiene cabeza.

Adónde va el buey que no are,
responde con prontitud,
si no tenís la contesta
prepárate el ataúd.

Vale más en este mundo
ser limpio de sentimientos,
muchos van de ropa blanca
y Dios me libre por dentro.

Yo te di mi corazón,
devuélvemelo en seguida,
a tiempo me he dado cuenta
que vos no lo merecías.

Hay que medir el silencio,
hay que medir las palabras,
sin quedarse ni pasarse
medio a medio de la raya.

Yo suspiro por un Pedro,
cómo no he de suspirar,
si me ha entregado la llave
de todo lo celestial.

159

Y vos me diste el secreto
de chapa sin cerradura,
como quien dice la llave
del tarro de la basura.

Déjate de corcoveos,
que no nací pa jinete,
me sobran los Valentinos,
los Gardeles y Negretes.

Al pasito por las piedras
cuidado con los juanetes,
que aquí no ha nacido nadie
con una estrella en la frente.

Discreto, fino y sencillo
son joyas resplandecientes
con las que el hombre que es hombre
se luce decentemente.

Alberto, dijo, me llamo,
contesto: lindo sonido,
mas para llamarse Alberto
hay que ser bien «albertío».

El diablo en el paraíso

El hombre se come el pasto
el burro los caramelos
la nieta manda al abuelo
y la sota al rey de bastos
l'agua la llevo en canasto
me duermo debajo el catre
todo lo endulzo con natre
bailo en la tumba del muerto
mentira todo lo cierto
gritaba desnudo un sastre.

Los pajes son coronados
los reyes friegan el piso
el diablo en el paraíso
y presos van los soldados
se perdonan los pecados
fusilamiento de jueces
en seco nadan los peces
será un acabo de mundo
cuando en los mares profundos
las arboledas florecen.

Los justos andan con grillos
y libres van los perversos
noventa cobres un peso
seiscientos gramos un kilo
los futres andan pililos
los gordos son raquíticos
brincaba un paralítico
sobre un filudo machete
ocho por tres veintisiete
divide un matemático.

De asiento tienen el piano
tocan música en la silla
Caín es la maravilla

para el Abel de su Hermano
caminar es con las manos
los santos son pendencieros
bendicen a los rateros
se acuesta el perro en la cuna
debajo de blanca luna
la guagua muerde al rondero.

Aquí termina el ejemplo
fue por el mundo al revés
y con la venia de usted
al teatro lo llaman templo
muy plácido te contemplo
dice el bandido a su presa
es más hereje el que reza
los viejos van a la escuela
los niños a la rayuela
ya nadie tiene cabeza.

El gavilán

Mi vida, yo te qui, yo te quise, veleidoso,
mi vida, creyendo, creyéndote, lisonjero:
mi vida, se me par, se me parte el corazón
mi vida del verte, del verte tan embustero.
Mi vida yo te qui, yo te quise yo te quise
sí ay ay ay   sí ay ay ay.

Mi vida, mi vida, yo te quise
mi vida, mi vida, yo te quise
veleido, veleido, veleidoso
veleido, veleido, veleidoso

162

mi vida yo te qui, yo te qui, yo te quise.

Te la llevarís, te la llevarís, mentiroso
te la llevarís, te la llevarís, pretencioso
te la llevarís, te la llevarís, fastidioso
te la llevarís, te la llevarís, mentiroso
prenda del alma sí ay ay ay
prenda del alma sí ay ay ay.

Tiqui tiqui ti mentiroso
tiqui tiqui ti mentiroso
mi vida creyéndote lisonjero
mi vida del verte tan embustero
sí ay ay ay   sí ay ay ay
mi vida mi vida yo te quise
veleido veleido veleidoso.

Dónde estás, prenda querida,
que no escuchas mi lamento,
tal vez te habrás olvidado
que hiciste un juramento,
juramento mento, juramento sí sí sí...

¿En qué quedó tu palabra,
ingrato mal avenido?
por qué habré puesto los ojos
en amor tan dividido dido dividido sí sí sí...

Tanto que me decía la gente
gavilán gavilán tiene garras
y yo sorda seguí monte arriba,
gavilán me sacó las entrañas,
en el monte quedé abandonada,
me confundan los siete elementos
ay de mí, ay de mí, ay de mí, ay de mí.
De mi llanto se espantan las aves
mis gemidos confunden al viento
ay de mí, ay de mí, ay de mí, ay de mí.

Gavi gavi gavi gavi lán ga
gavi gavi gavi gavi lán ga
gavi gavi gavi lán
gavi gavi gavi lán
gavilán gavilán gavilán gavi.

Viene viene viene viene el gavilán
truenos suenan ya
yo no tengo dónde estar
yo no tengo dónde estar
yo no tengo dónde estar

Gavilán gavilán que me muero gavilán
gavilán gavilan que me muero gavilán
gavilán gavilán que me muero gavilán ay ay ay ay

Tanto que me decía la gente
gavilán gavilán tiene garras
y yo sorda seguí monte arriba
gavilán me sacó la entrañas
en el monte quedé abandonada
me confunden los siete elementos
ay de mí ay de mí ay de mí.

Tiqui tiqui ti tiqui tiqui ti mentiroso
tiqui tiqui ti tiqui tiqui ti veleidoso
tiqui tiqui ti tiqui tiqui ti mentiroso.
Yo no tengo dónde estar.

El guillatún

(Danza estilo araucano)

Millelche está triste con el temporal,
los trigos se acuestan en ese barrial,
los indios resuelven después de llorar
hablar con Isidro, con Dios y San Juan.

Camina la machi para el guillatún,
chamal y revoso, trailonco y kultrún,
y hasta los enfermos de su machitún
aumentan las filas de ese guillatún.

La lluvia que cae y vuelve a caer
los indios la miran sin hallar qué hacer,
se arrancan el pelo, se rompen los pies,
porque las cosechas se van a perder.

Se juntan los indios en un corralón,
con los instrumentos rompió una canción,
la machi repite la palabra sol
y el eco del campo le sube la voz.

El rey de los cielos muy bien escuchó,
remonta los vientos para otra región,
deshizo las nubes después se acostó,
los indios la cubren con una oración.

Arriba está el cielo brillante de azul,
abajo la tribu al son del cultrún
le ofrece del trigo su primer almud
por boca de un ave llamado avestruz.

Se siente el perfume de carne y muday,
canelo, naranjo, corteza e'quillay
termina la fiesta con el aclarar,
guardaron el canto, el baile y el pan.

En los jardines humanos

En los jardines humanos
que adornan toda la tierra
pretendo de hacer un ramo
de amor y condescendencia

Es una barca de amores
que va remolcando mi alma
y va anidando en los puertos
como una paloma blanca

Permiso para cortar
la flor del comprendimiento,
la yerba de la esperanza,
la hojita del sentimiento.

En el centro de mi ramo
la rosa del corazón,
el árbol más amistoso
y el fruto de la pasión.

Écoute moi, petit

Je suis bien une chilienne
qui n'est jamais allée à l'ecole
qui préferait le jardin
pour attraper des papillons

Dans la rue je chantais
comme un pauvre oiseau perdu.
Dans la nuit les étoiles
du ciel m'ont répondu:
fais attention ma petite.

Comment donc suis-je à Paris
est-ce un ange qui m'a emportée
d'une histoire de sorciers
ou bien d'un rêve d'enfant.
Oh! Paris, bon ami de mon coeur.

C'est mon frère qui m'a donné
de connaître la musique
c'est mon frère qui m'a dit
il faut travailler l'argile.

Il m'a dit: les avions
vont tout droit j'usqu'à Paris
n'aies pas peur, ton travail
n'a pas de place par ici
fais attention ma petite.

Comment donc suis-je à Paris
est-ce un ange qui m'a emportée
d'une historie de sorciers
ou bien d'un rêve d'enfant.
Oh! Paris, bon ami de mon coeur.

Escúchame, pequeño

Soy una chilena
que nunca fue a la escuela
al contrario, en el jardín
yo atrapaba mariposas.

En la calle cantaba
como un [pobre] pájaro perdido.
En la noche las estrellas
del cielo me respondieron:
ten cuidado mi pequeña.

Cómo es que estoy en París
es un ángel que me ha traído
de la historia de brujos
o de un sueño de niños.
¡Oh! París, buen amigo de mi corazón.

Es mi hermano quien me hizo
conocer la música.
Es mi hermano quien me dijo
hay que trabajar la arcilla

Él me dijo: los aviones
van derecho hasta París
no tengas miedo, tus trabajos
no tienen nada que hacer aquí
ten cuidado mi pequeña

Cómo es que estoy en París
es un ángel que me ha traído
de la historia de brujos
o de un sueño de niños.
¡Oh! París, buen amigo de mi corazón.

Hijo que tiene sus padres

Hijo que tiene sus padres
tiene la vaca lechera
la injundia la mazamorra
y fresquita la mamadera

si todo lo tiene a la mano
porque sus padres lo crían
cuando lo sueltan al mundo
se estrellará con la vida

malo no es que sus padres
que lo traen a la tierra
le enseñen de chiquitito
la nuez de esta vida perra

enfermo cansado y triste
el padre está en la oficina
el hijo tarde muy tarde
descorrerá la cortina

para que el hijo disfrute
de músicas y banquetes
el padre ha firmado letras
que paga al fin con la muerte

si el hijo supiera a tiempo
lo que sus padres tejieron
quizá no hubiera el abismo
que entre los dos hay al medio

se queja el padre del hijo
que casi es mayor de edad
y que es un niño de pecho
para ganarse su pan

y el hijo dice que el padre
tiene de hiel la conciencia
la madre llora que llora
de ver tanta irreverencia

como enemigos se tratan
porque no se han conocido
uno pecó de inocente
el otro de consentido

una escuela habrá que abrir
con pizarrones de luces
allí aprenderán los hijos
a no ser tan avestruces

otra escuela p'a los padres
con cuadernos de virtud
donde aprendamos la lengua
con que habla la juventud

yo proclamo la gallina
como la madre ejemplar
que al hijo al salir del huevo
le enseña la realidad

yo le enseñé a los mayores
lo terrible que es el fuego
la menor la descuidé
aquí está mi nudo ciego.

La lavandera

Aquí voy con mi canasto
de tristezas a lavar,
al estero del olvido,
dejen, déjenme pasar.

Lunita, luna,
no me dejes de alumbrar.

Tu cariño era el rebozo
y nos abrigó a los dos,
lo manchaste una mañana
cuando me dijiste adiós.

Lunita, luna,
no me dejes de alumbrar.

En la corriente del río
he de lavar con ardor
la mancha de tu partida
que en mi pañuelo dejó.

Lunita, luna,
no me dejes de alumbrar.

Soy la triste lavandera
que va a lavar su ilusión,
el amor es una mancha
que no sale sin dolor.

Lunita, luna,
no me dejes de alumbrar.

Mañana me voy p'al Norte

Mañana me voy p'al Norte
a cantarle a los nortinos
tengo lista mi trutruca
mi tambor y mis platillos.

Un esquinazo en la pampa
le ofreceré al salitrero
con cogollito de amores
regalo de los sureños.

Adornaremos la mesa
con flores de tamarugo
matizados con copihues
del copihual de Temuco.

Y cuando empiece a cantar
que lloren todas las quenas
tambor del indio palpiten
al son de todas sus penas.

«Parabienes» al revés

Una carreta enflorá
se detiene en la capilla;
el cura salió a la entrá
diciendo: ¡que maravilla!
diciendo: ¡que maravilla!
el cura salió a la entrá;
se detiene en la capilla
una carreta enflorá.

172

A las once del reloj
entran los novios del brazo,
se les llenaron de arroz
el sombrero y los zapatos,
el sombrero y los zapatos
se les llenaron de arroz,
entran los novios del brazo
a las once del reloj.

Cuando estaban de rodillas
en el oído el sacristán
le tocó la campanilla
al novio, talán, talán
al novio, talán, talán,
le tocó la campanilla
en el oído el sacristán
cuando estaban de rodillas.

El cura le dijo adiós
a la familia completa,
después que un perro ladró
él mesmo cerró la puerta,
él mesmo cerró la puerta
después que un perro ladró,
a la familia completa
el cura le dijo adiós.

En la carreta enflorá
ya se marcha la familia,
al doblar una quebrá
se perdió la comitiva.

173

Pastelero a tus pasteles

Ya me voy para Bolivia
sonaron los cascabeles
diciéndome al oído
pastelero a tus pasteles.

Como todo está escaso
comaire Mena
a la falta de pan
la torta es buena.

Comaire Mena, ay sí
compadre Armando
más vale ave en la mano
que cien volando.

Mi compadre Alejandro
murió esperando.

Puerto Montt está temblando

(Contrapunto por el terremoto)

Puerto Montt está temblando
con un encono profundo
es un acabo de mundo
lo que yo estoy presenciando
a Dios le voy preguntando
con voz que es como un bramido
por qué mandó este castigo
responde con elocuencia
se me acabó la paciencia
y hay que limpiar este trigo.

Se me borró el pensamiento
mis ojos son los no míos
puedo perder el sentido
de un momento a otro momento
mi confusión va en aumento
soy una pobre alma en pena
ni la más dura cadena
me hubiera afligido tanto
ni el mayor de los espantos
congela así las venas.

Estaba en el dormitorio
de un alto segundo piso
cuando principia el granizo
de aquel feroz purgatorio
espejos y lavatorios
descienden por las paredes
señor acaso no puedes
calmarte por un segundo
y me responde iracundo
pal tiburón son las redes.

No hay palabras en el mundo
para explicar la verdad
ni talento en realidad
pa penetrar en profundo
qué viento más iracundo
qué lluvia tan alarmante
qué pena tan abundante
quién me da la explicación
sólo el sabio Salomón
pero se halla tan distante.

La mar está enfurecida
la tierra está temblorosa
qué vida tan rencorosa
lo trajo la atardecida

con una angustia crecida
le estoy pidiendo al señor
que detenga su rencor
tan sólo por un minuto
es un peligro este luto
pal alma y el corazón.

Así fue señores míos
la triste conversación
que en medio de aquel temblor
sostuve con el divino
cuando pasó el torbellino
de la advertencia final
bajito empezó a llorar
mi cuerpo resucitado
diciendo Dios'tá indignado
con la culpa terrenal.

Me aferro con las dos manos
en una fuerte manilla
flotando cual campanilla
o péndulo disparado
qué es esto mi Dios amado
dije apretando los dientes
pero él me responde hiriente
pa'hacer mayor el castigo
para el mortal enemigo
del pobre y del inocente.

Pupila de águila

(Huayno)

Un pajarillo vino a posarse bajo mi arbolito,
era de noche, yo no podía ver su dibujito,
se lamentaba de que una jaula lo hizo prisionero,
que las plumillas, una por una, se las arrancaron.
Quise curarlo con mi cariño, mas el pajarillo
guardó silencio como una tumba hasta que amaneció.

Llegan los claros de un bello día, el viento sacudió
todo el ramaje de mi arbolito y allí se descubrió
que el pajarillo tenía el alma más herida que yo,
y por las grietas que le sangraban su vida se escapó,
en su garganta dolido trino llora su corazón,
le abrí mi canto y en mi vihuela lo repitió el bordón.

Ya mejoraba, ya sonreía con mi medicina,
cuando una tarde llegó una carta de su jaula antigua,
en mi arbolillo brotaron flores negras y moradas
porque el correo vino a buscarlo, mis ojos lloraban.
Desaparece, me deja en prenda toda su amargura,
se lleva ufano mi flor más tierna, mi sol y mi luna.

En el momento de su partida, en mi cuello un collar
dejó olvidado, y como Aladino yo le empecé a frotar.
Pasan minutos, pasan las horas y toda una vida
por el milagro de aquella joya lo he visto regresar,
con más heridas, con más silencio y con garras largas,
sus buenos días mi piel desgarra con ácida maldad.

Ave que llega sin procedencia y no sabe dónde va
es prisionera en su propio vuelo, ave mala será,
ave maligna, siembra cizaña, bebe, calla y se va,
cierra tu puente, cierra tu canto, tira la llave al mar.
Un pajarillo vino llorando, lo quise consolar,
toqué sus ojos con mi pañuelo, pupila de águila.

Qué tanto será

Me fui gateando por una nube
por una nube color café
como las nubes se mueven solas,
llegué a la isla de Chiloé.

Me gusta la vida florido rosal
sus bellas espinas no me han de clavar
y si una me clava, qué tanto será.

Pasé por Lota de amanecida
con los primeros rayos de sol,
miré p'abajo diviso Penco,
que relumbraba como un crisol.

Vaya paseo señores míos,
el que en mi nube me regalé
seguí camino, diviso un pino,
desde mi nube lo saludé.

Vuela que vuela en dulce nube,
de repentito se me taimó
saco un taladro con muchas puntas,
y to'a entera se perforó.

Me faltó tino pa'equilibrarme
cuando mi nube empezó a llover
me agarré firme de los hilitos,
y como gata me descolgué.

Caí en la copa de una patagua
por su ramaje me deslicé
salté en un charco de agüita clara,
y con el fresco me desperté.

Qué pena siente el alma

Qué pena siente el alma
cuando la suerte impía
se opone a los deseos
que anhela el corazón.

Qué amargas son las horas
de la existencia mía
sin olvidar tus ojos
sin escuchar tu voz. (Bis)

Pero me embarga a veces
la sombra de la duda
y por mi mente pasa
como fatal visión. (Bis)

Qué pena...

Qué palabra te dijera

(Vals-canción)

Qué palabra te dijera
que llegue a tu corazón
con la fuerza que al enfermo
lleva la muerte su voz,
reinando sobre lo humano
y toda la creación.

Cuando yo la modulaba
sólo pensaba en tu amor,
de manera que mi orilla
con la tuya se juntó,
y fue tan vivo el recuerdo
que mi alma se dibujó.

180

Mariposa que dormía
tranquila dentro de mí
se despertó de repente
queriéndoseme salir
por todos los caminitos
de mi cerebro sin fin.

Como no tengo palabra
que aclare mi corazón
te mandaré por el aire
el eco de mi canción,
en ella va dibujada
la forma de mi pasión.

Quisiera tener cien pesos

Quisiera tener cien pesos
pa buscarme un amorcito
porque de balde no hay caso
que me quieran un poquito.

Quien tuviera señores,
unos trescientos,
apuesto que me hablaran
de casamiento.

De casamiento, sí,
por unos miles,
amores a la chuña,
¡que viva Chile!

Yo no tengo ni cobre
porque soy pobre.

Se juntan dos palomitos

(Canción)

Se juntan dos palomitos
en el árbol del amor;
fin de la separación
que los tenía contritos.
Brillaba con sus rayitos
el sol en ese entretanto
los dos en un solo manto
se arrebosaron dichosos.
Dice un clarín misterioso:
palomito, yo te canto.

Como el clavel y la rosa
florecen en el jardín
la dalia con el jazmín
y la azucena olorosa.
Se encuentran las mariposas
de aquellos dos sentimientos
y anidan sus pensamientos
al son de una melodía.
Se dicen los buenos días
en el más bello instrumento.

Lo que en la ausencia fue pena
se convirtió en alegría
así pasaron seguidas
horas de dicha serena;
bendicen la luna llena
señora del firmamento
dice una voz en el viento
en una lengua amorosa
quién conservará la rosa
que tú me diste al momento.

Qué te trae por aquí

Qué te trae por aquí
eso me habrás de contestar
si me piensas engañar
yo habré de engañarte a ti
qué te trae por aquí
eso habrás de contestar.

Andate con claridad
volando en este jardín
si eres palomo engañoso
lleva lejos tu jardín...

Llegaste a mi palomar
pero no sé con qué fin
si eres palomo del bien
bienes tendrás que sufrir.

Llegaste a mi palomar
pero no sé con qué afán
si eres palomo del mal
males tendrás que gozar.

Si te brindan la ocasión
confiesa la realidad
si eres palomo o gorrión
no me habrás de ocultar...

Siqueiro prisionero

En una jaula grande
cal y cemento
bajo siete candados
no justicieros
un pajarillo trina
su desconsuelo
cuando las aves pueden
cantarle al viento.

Mientras las demás aves
están bebiendo
el agüita que cae
del alto cielo
el prisionero bebe
duro tormento
y lágrimas salidas
de sus recuerdos.

Por eso están llorando
los elementos
las estrellas no tienen
igual destello
pálida está la luna
más que los muertos
mirando noche y día
su prisionero.

Por eso el Pan de Azúcar
sube muy terco
y el Amazonas ruge
de sentimiento
Copacabana agita
negro pañuelo

pero la ley más sorda
que el padre eterno.

Le roban a sus ojos
azul del cielo
de la selva sus verdes
le prohibieron
pero no han de quitarle
su rojo fuego
ni la blanca paloma
de sus desvelos.

Gime zamba que gimen
los brasileros
suenen tambores negros
a sangre y fuego
llore todo el que tiene
corazón tierno
que sepultado en vida
se halla Siqueiro.

Un río de sangre

Señores y señoritas
en esta gran circunstancia
voy a dejarles constancia
de una traición infinita
que consumó la maldita
canalla del carnaval
contra la fuerza leal
y el cuerpo de cinco emblemas
que vivían los problemas
de la razón popular.

Así el mundo quedó en duelo
y está llorando a porfía
por Federico García
con un doliente pañuelo
no pueden hallar consuelo
las almas con tal hazaña
qué luto para la España
qué vergüenza en el planeta
de haber matado un poeta
nacido de sus entrañas.

Un río de sangre corre
por los contornos del mundo
y un grito surge iracundo
de todas las altas torres
no habrá temporal que borre
la mano de la injusticia
que con crecida malicia
profanó al negro Lumumba,
su cuerpo se halla en la tumba
y su alma clama justicia.

Se oscurecieron los templos
las lunas y las centellas
cuando apagaron la estrella
más clara del firmamento
callaron los instrumentos
por la muerte de Zapata
sentencia la más ingrata
que en México se contempla
para lavar esta afrenta
no hay agua en ninguna patria.

Dejando voy peregrina
mi llanto de rosa en rosa
por Vicente Peñalosa
de la nación Argentina
banderas de popelina

pa recoger tanta sangre
que ningún viento desgarre
porque han de seguir flameando
pues Chile sigue llorando
a Rodríguez y Recabarren.

Solitario solo

El sol me mezquina las horas del día
la noche me puebla todas mis orillas
así voy rodando como el ave herida,
me levanto, caigo, me paro enseguida.
Así voy rodando como el ave herida,
el viento me enreda en sus cuerdas frías.

El viento me arrastra con fuerza maligna,
si quiere quedarse mi cuerpo allá arriba,
se llenan mis huesos de llamas altivas,
el viento me viste, me baja enseguida.
Se llenan mis huesos de llamas altivas,
el viento me cubre su larga camisa.

La luz de los montes todo me encandila,
igual que la mano de terca nodriza
las nubes me entregan su llanto de arriba,
con la luz y el viento, me alargan la esquina.
Las nubes me entregan su llanto de arriba,
con la luz y el viento me paro enseguida.

Solitario solo como luna esquiva,
pa'escupir mis penas me falta saliva
la reseca el viento que siempre vigila,
para sepultarme en su negra brisa.
La reseca el viento que siempre vigila,
para sepultarme en frías cenizas.

Una copla me ha cantado

(Lamento)

Una copla me ha cantado
la prenda que quiero yo,
con esa copla a cuchillo
me ha desangrado la voz.

Pensará que yo no entiendo
lo que en su copla cantó,
desde su primera nota
se me acostó en la razón.

Yo le pedí un vaso de agua,
no niego que me lo dio,
pero como se da al perro
el resto que le sobró.

Mil veces me ha repetido
la copla como un reloj,
cuando con una bastaba
pa silenciarme la voz.

Cuál será, dirán ustedes,
la copla que me cantó;
es igual que el estampido
que mata sin son ni ton.

Veintiuno son los dolores

Una vez que me asediaste
2 juramentos me hiciste
3 lagrimones vertiste
4 gemidos sacaste
5 minutos dudaste
6 más porque no te vi
7 pedazos de mí
8 razones me aquejan
9 mentiras me alejan
10 que en tu boca sentí

11 cadenas me amarran
12 quieren desprenderme
13 podrán detenerme
14 que me desgarran
15 perversos que embarran
mis 16 esperanzas
y 17 mudanzas
18 penas me dan
19 madurarán
20 más que ella me alcanza.

21 son los dolores
por 22 pensamientos
me dan 23 tormentos
por 24 temores
25 picaflores
me dicen 26 veces
que 27 me ofrecen
28 de esos estambres
son 29 calambres
los 30 que me adolecen.

31 días te amé
32 horas soñaba
33 minutos daba

ó 34 tal vez,
35 yo escuché
36 junto a tu pecho
37 fue a mi lecho
38 de pasión
39 al corazón
40 amargo despecho.

Une chilienne à Paris

(Vals)

J'ai amené les tableaux
dans cette belle ville de Paris
avec une grande tristesse
pour mon Chili.

Tous mes amis sont venus
jusqu'au port m'accompagner
chacun dans ses mains portait
les affaires que j'avais.

Et quand nous sommes arrivés
sur l'eau dansait le navire
quand on en vint un mouchoir blanc
je me suis mise à sourire.

Enfin je suis à Paris
je marche au bord de la Seine
et sur le pont du Louvre
mon coeur pleure.

Je me retrouve dans un bureau
en face de la secretaire,
j'entends un bruit de sonnette
qui m'appelle.

Puis, que vois-je devant moi
le capitain du musée
Mon Dieu, qu'il était gentil
Monsieur Faré.
N'est-ce pas Ivonne?

Una chilena en París

Traje los cuadros
a la bella ciudad de París
con profunda tristeza
por mi Chile

Todos mis amigos vinieron
al puerto para acompañarme
cada uno llevaba en sus manos
todas mis cosas.

Y cuando llegamos
sobre el agua danzaba la nave
y cuando apareció un pañuelo blanco
yo sonreí.

Al fin estoy en París
camino cerca del Sena
y sobre el puente del Louvre
mi corazón llora.

Estoy ya en la oficina
cara a cara con la secretaria
cuando escucho un timbre
que me llama.

En seguida vi delante de mí
al capitán del museo
era muy gentil
el señor Faré
¿No es cierto Ivonne?

Versos por la niña muerta

Cuando yo salí de aquí
dejé mi guagua en la cuna,
creí que la mamita Luna
me l'iba a cuidar a mí,
pero como no fue así
me lo dice en una carta
pa'que el alma se me parta
por no tenerla conmigo;
el mundo será testigo
que hei de pagar esta falta.

191

La bauticé en la capilla,
pa'que no quedara mora;
cuando llegaba la aurora
le enjuagaba las mejillas
con agua de candelillas
que dicen que es milagrosa.
Mas se deshojó la rosa;
muy triste quedó la planta,
así como la que canta
su pena más dolorosa.

Llorando de noche y día
se terminarán mis horas,
perdóname, gran señora,
digo a la Virgen María,
no ha sido por culpa mía,
yo me declaro inocente,
lo sabe toda la gente
de que no soy mala maire,
nunca pa'ella faltó el aire
ni el agua de la vertiente.

Ahora no tengo consuelo,
vivo en pecado mortal,
y amargas como la sal
mis noches son un desvelo;
es contar y no creerlo,
parece que la estoy viendo,
y más cuando estoy durmiendo
se me viene a la memoria;
ha de quedar en la historia
mi pena y mi sufrimiento.

Versos por despedida a Gabriela

Hoy día se llora en Chile
por una causa penosa.
Dios ha llamado a la diosa,
a su mansión tan sublime.
De sur a norte se gime,
se encienden todas las velas,
para alumbrarle a Gabriela,
la sombra que hoy es su mundo
con sentimiento profundo
yo le rezo en mi vihuela.

Presidenta y bienhechora
de la lengua castellana,
la mujer americana,
se inclina la vista y llora,
por la celestial señora
que ha partido de este suelo,
yo le ofrezco sin recelo,
en mi canto a lo divino,
que un ave de dulce trino,
la acompañe al alto cielo.

En medio del paraíso,
hay un sillón de oro fino
y un manto de blanco lino
que la virgen misma le hizo
un ángel de bellos rizos,
está esperando en la entrada,
a la mejor invitada
que ocupará aquel sillón,
hasta la consumación
santa Mistral coronada.

Hay una fiesta en la gloria,
y un llorar aquí en la tierra,
como si una grande guerra,

haya manchado la historia
jamás de nuestra memoria,
ha de olvidarse Gabriela
los niños de las escuelas
ya no tienen su madrina.
La providencia divina
se llevó la flor más bella.

Verso por desengaño

No tengo la culpa, ingrato,
de que entre los dos el diablo
por tres o cuatro vocablos
nos cause tan malos ratos,
de hacerme sufrir no trato
aunque así parezca el caso
yo creo que este mal paso
nos lleva por mal camino
y a preguntar no me animo
hasta cuándo, ingratonazo.

Oscuran mi pensamiento
palabras y más palabras,
espero que pronto se abra
la luz de mi entendimiento,
ya tengo el convencimiento
que sobran los padeceres
como dos malas mujeres
peleamos la sinrazón,
contéstame, corazón:
hasta cuándo matar quieres.

Si no me río te enojas
y si me río también,
es que no alcanzas a ver
que sólo me das congojas

capricho que se te antoja
yo quiero que lo consigas,
desde el palomo a la hormiga
desde la mar al desierto
no comprendes ni despierto
que ayer me dejaste herida.

Hoy pruebo en último intento,
busqué la paz pero en vano,
después me pasas la mano
cuando me has dado tormento;
es tanto el dolor que siento
ya para mí no hay placeres,
están hablando dos seres
en lengua de mal judío;
tengo clavado el sentido
con agujas y alfileres.

Despedida:

Ordeno la despedida,
palomito volador,
suspéndeme este dolor
que es mi pan de cada día,
auque sea culpa mía
no debes de ser así
que no es remedio p'a mí
el aumentarme los males,
con la miel de los panales
más se puede conseguir.

Cronologías

Su vida

Hija de Clarisa Sandoval, campesina, fallecida en 1980, y de Nicanor Parra, profesor de música. Nace el 4 de octubre de 1917 en San Carlos, provincia de Ñuble, al sur de Chile. Transcurre su infancia en el campo.

Estudios primarios y dos años en la Escuela Normal de Santiago.

A los 9 años se inicia en la guitarra y el canto. Posteriormente canta con sus hermanos Hilda, Eduardo y Roberto.

1932: Se traslada a Santiago. Vive con parientes.

1934: Deja los estudios para trabajar con sus hermanos. Cantan en boliches (bares) de barrios populares. En «El tordo azul», «El Popular», interpretan boleros, rancheras y corridos mejicanos, etc.

1938: Matrimonio con Luis Cereceda, ferroviario. Gana una Mención Honrosa en un Concurso de Poesía.

1939: El matrimonio vive en Santiago. Nace su hija Isabel.

1943: Se traslada a Valparaíso. Nace su hijo Ángel.
Canta canciones españolas. Se une a una compañía de teatro que realiza giras por todo el país. Se hace llamar Violeta de Mayo.

1944: Gana un concurso de Canto español en el Teatro Baquedano de Santiago.

1945: Un año en Valparaíso y retorno a Santiago. Canta con sus hijos Isabel y Ángel en una confitería de Santiago, en un espectáculo español.

1948: Se separa de Luis Cereceda. Canta con su hermana Hilda y con ella realiza algunas grabaciones en el sello RCA Victor.

1949: Segundo matrimonio con Luis Arce.

1950: Nace su hija Carmen Luisa.

1952: Trabaja en circos, con sus hijos, realiza diversas giras por el país. Impulsada por su hermano Nicanor, empieza a rescatar y recopilar la música folklórica chilena. Realiza recitales en las Universidades presentada por Enrique Bello. Nace su hija Rosita Clara.

1953: Basándose en una cuarteta popular, compone y graba *Casamiento de Negros* y el vals folklórico, *Qué pena siente el alma*, manifestándose así la verdadera Violeta Parra. Estas canciones la sitúan en el primer plano de la popularidad.
Conoce a don Isaías Angulo, tocador de guitarrón (guitarra grande de 25 cuerdas, instrumento único chileno). Don Isaías le enseña y le da su primer guitarrón.

Pablo Neruda le organiza recitales y la presenta en su casa.

Inicia el programa «Canta Violeta Parra», en Radio Chilena, contratada por Raúl Aicardi y presentada por Ricardo García. Estos programas, que duran un año, la sitúan en el primer lugar de la sintonía nacional.

Inicia su plan de investigación por todo el país. Se relaciona con cantores populares de la costa y la cordillera.

Compone sus primeras canciones basadas en las formas folklóricas populares.

1954: Obtiene el premio «Caupolicán», otorgado a la mejor folklorista del año.

Viaja invitada al Festival de la Juventud en Varsovia, Polonia.

Recorre la Unión Soviética. Permanece dos años en Francia. Graba aquí, para «Chant du Monde», sus primeros discos LP con cantos folklóricos y originales. Tiene contactos con diversos artistas e intelectuales europeos.

Grabaciones en la Fonoteca Nacional del Museo del Hombre de París.

Viaja a Londres y realiza grabaciones para la BBC.

Canta en «L'Escale», *boite de nuit* del barrio latino, en París.

Durante su permanencia en Europa, muere su hija Rosita Clara.

1956: Regreso a Chile. Graba el primer LP de la serie «El Folklore de Chile», sello Odeón, *Violeta Parra y su guitarra*, con canciones originales, folklóricas y música para guitarra sola.

Grabación de *Casamiento de negros* en EE. UU.

1957: En noviembre se traslada con sus hijos Carmen Luisa y Ángel a Concepción, sur de Chile, contratada por la Universidad. Funda allí el Museo de Arte Popular. Realiza investigación folklórica en la zona.

Nuevos discos LP: *La Cueca, La Tonada*, con diseños de carátulas de los pintores chilenos Nemesio Antúnez y Julio Escámez. LP *Composiciones de Violeta Parra*.

Compone *Los manteles de Nemesio*, homenaje musical al pintor, basado en el nombre de uno de sus cuadros.

Realiza programas radiales en Concepción.

1958: Regresa a Santiago. Incursiona en la cerámica y comienza a pintar.

Construye su «Casa de Palos» en la calle Segovia.

Recitales en los centros culturales más importantes de Santiago y provincias.

Viaja al Norte a investigar y graba la fiesta pagano-religiosa de «La Tirana».

Participa en el 2.º Encuentro de Escritores de Concepción. Musicaliza el poema de Gonzalo Rojas, «Los Burgueses».

Ese 18 de septiembre (y los de los años siguientes) arma su «ramada» y canta y baila cueca. Escribe *Décimas autobiográficas*.

1959: Viaja al norte de Chile invitada por la Universidad para realizar cursos de folklore.

Viaja a Chiloé, en el extremo sur del país, donde organiza recitales, cursos de folklore, cerámica, pintura. Recopilación del folklore chilote.

Escribe un libro de folklore, en el que recopila toda la investigación llevada a cabo hasta el momento, con fotografías de Sergio Larraín y partituras musicales de Gastón Soublette. Escribe la música de los filmes *Mimbre, La trilla* y *Casamiento de negros*, de Sergio Bravo, y de *La Tirana*, de Jorge di Lauro y Nieves Yanković.

Participa en la Feria de Artes Plásticas del Museo de Arte Moderno.

Disco LP, Odeón, *Toda Violeta Parra* con fotografías de Fernando Krhan y presentación de Gastón Soublette.

1960: Participación en la Feria de Artes Plásticas de Santiago.

El poeta Nicanor Parra graba, acompañado por la folklorista, *Defensa de Violeta Parra*.

1961: Viaja a Buenos Aires, Argentina. Expone pinturas, actúa en TV, recitales en el Teatro I.F.T. Graba un LP de canciones originales.

En junio se reúne con sus hijos Isabel y Angel y viaja a Europa, al Festival de la Juventud en Finlandia.

Viajan por la Unión Soviética, Alemania, Italia y Francia.

En Francia (donde permanecerán tres años) actúa en «La Candelaria» y en «L'Escale». Como «Los Parra de Chile» ofrecen recitales en la Unesco, Teatro de las Naciones, radio y televisión en París.

1962: Serie de conciertos en Ginebra, programas en TV, exposiciones de la obra plástica. Nuevas canciones, pinturas y arpilleras.

1963: Grabación en París, para el sello Barclay, licencia Arión.

«Los Parra» actúan en el escenario central de la Fiesta del diario «L'Humanité».

1964: En abril expone las arpilleras, óleos y esculturas en alambre en el Museo de Artes Decorativas, Pabellón Marsan, del Palacio del Louvre.

Se publica en París el libro *Poesía Popular y de los Andes.*

Regresa a Chile por un corto período.

1965: Viaje a Suiza, Ginebra. Filmación de la TV suiza de un documental que muestra a la folklorista con toda su obra: «V.P. bordadora chilena».

Retorno a Chile en junio. Canta con sus hijos en la Peña de los Parra, en la calle Carmen 340 en Santiago.

Graba en Odeón LP *Recordando Chile.*

Es invitada a la FISA (Feria Internacional de Santiago), donde se instala algunos días con una Peña Folklórica en una carpa móvil.

Inaugura, en un barrio apartado de Santiago, la carpa de «La Reina». Graba disco de música instrumental para cuatro y quena con Gilbert Favre.

Incorpora en su música el cuatro venezolano y el charango del norte y del altiplano.

1966: Viaja a Bolivia y canta con Gilbert Favre.

Graba *Décimas Autobiográficas.*

Vuelve a·Chile con grupos del Altiplano, presentándolos en su Carpa, en televisión y en la Peña de sus hijos.

Conciertos en diferentes ciudades del sur de Chile, como invitada del programa de René Largo Farías, *Chile ríe y canta.*

Graba en RCA Víctor el disco Las últimas composiciones, acompañada de sus hijos y del uruguayo Alberto Zapicán.

1967: Muere en su Carpa de La Reina, el día 5 de febrero.

* * *

201

1967: Se rinde un homenaje en su memoria en la Universidad Católica de Chile. Exposiciones de pintura, veladas de poesía y conciertos de música suya interpretada por Isabel y Angel. El homenaje fue organizado por Tomás Lago.

1968-1969: Se suceden los actos recordatorios en diversos países de América Latina y Europa.

1970: Su autobiografía poética, *Décimas,* se edita por primera vez, en Santiago, Chile.

1971: Isabel presenta una exposición de los tapices de Violeta, en Casa de las Américas, La Habana, Cuba.

Edición cubana de las *Décimas.*

Canciones de Violeta Parra, LP. editado en la colección «Música de esta América», La Habana.

Recitales organizados en La Habana por el ICAIC. Isabel canta acompañada por músicos cubanos.

Estreno en Santiago, y posteriormente en Buenos Aires, de *Canto para una semilla.* Música de Luis Advis y textos de Violeta *(Décimas).* Cantan Isabel Parra e Inti-Illimani, y relato de Carmen Búnster.

1973: Presentación de *Canto para una semilla* en Alemania.

1974: Presentación de *Canto para una semilla* en Italia, Bienal de Venecia.

Se edita en Buenos Aires *Toda Violeta Parra.*

1975: Presentación de *Canto para una semilla* en el teatro d'Orsay de París.

En París, exposición de arpilleras y concierto «Le Chili de Violeta Parra».

Aparece en Madrid el libro *Violeta del Pueblo.*

1976: Homenaje en la Galería Latinoamericana de Casa de las Américas, La Habana, con el título: «Violeta regresa a casa».

Aparece en Santiago el libro *Veintiuno son los dolores.* El sello Movieplay edita en España el disco *Cantos Inéditos.*

1977: Se recuperan en Ginebra, Suiza, cincuenta óleos, que son exhibidos en Francia en el Festival Internacional de Teatro de Nancy.

Edición de lujo de *Décimas,* en Barcelona, España.

Aparece en París el libro *Violeta Parra, la guitare indocile,* de Patricio Manns.

Se edita en Chile el LP, *Décimas.*

1978: Edición española del libro de Patricio Manns.

Estreno en Roma de *Canto para una semilla,* en el teatro Tenda, con relato de Edmonda Aldino.

En Francfort, República Federal Alemana, se publica la antología *Lieder aus Chile. Violeta Parra.*

La presencia de Violeta Parra sigue viva en los años siguientes, en homenajes, ediciones y reediciones de libros y de discos, y sus canciones han estado y están en el repertorio de cantantes chilenos, latinoamericanos y europeos. He aquí una lista incompleta de ellos: Inti-Illimani, Víctor Jara, Quilapayún, Mercedes Sosa, Daniel Viglietti, Joan Manuel Serrat, Omara Portuondo, Soledad Bravo, Joan Baez, Pete Seegers, Hebert Pagani, Milton Nascimento, María Feranduri, Illapu, Patricio Castillo, Homero Caro, Charo Cofré, Los Jaivas, Susana Rinaldi, Elis Regina, Jan Hammarlund, Arya Saijonmaa, María Jiménez, Miguel Piñera, grupo Sol y Media Noche, Mantram, Lilia Vera,

Alberto Cortez, Osvaldo Rodríguez, Paco Ibáñez, Raphael, Raimundo Fagner, Nara Leao, Roberto Wyatt. Sus hijos, naturalmente, Isabel y Angel; su nieta Tita. Y muchos más.

Sus canciones

Lista de las canciones ordenadas según el tiempo y en la medida que fueron apareciendo, ya sea grabadas por Violeta u otros solistas o grupos. También aquellos textos conocidos después de su muerte y las canciones reencontradas en París.

Además están incluidos textos descubiertos entre sus cartas y cuadernos de canciones. Por ejemplo el texto de *Siqueiro prisionero* encontrado el año 76 y compuesto en 1963.

1948-1950:

1. Brillo de mar en tus ojos (Bolero)
2. El Caleuche (Cueca. Tema festivo)
3. Judas (Vals. Tema amoroso)
4. El buen consejo (Vals. Tema amoroso)
5. Entrégame la cabulla (Cueca. Tema festivo)
6. Qué rica cena (Cueca festiva)
7. La cueca del payaso (Festiva)
8. Tranquilo el perro (Corrido festivo)
9. A mi casa llega un gato (Cueca. Tema festivo)
10. Ciento cincuenta pesos (Cueca. Tema festivo)

1950-1954:

11. Es imposible (Corrido. Tema amoroso)
12. Por la mañanita (Tonada. Tema amoroso)
13. Casamiento de negros (Parabienes. Canto de saludo).
14. La golondrina (Tonada)
15. Clavel de enero (Cueca)
16. La jardinera (Tonada. Tema amoroso)
17. La sentencia (Tonada. Tema amoroso)
18. La Juana Rosa (Tonada. Tema amoroso)
19. Zarzamora y madreselva (Tonada. Tema amoroso)
20. La lechera. (Tonada. Primera canción de contenido social)
21. El sueño (Vals. Tema amoroso)
22. Casi parabienes (Parabienes. Cantos a los novios)
23. Yo tenía diez perritos (Canción infantil tomada de la leyenda popular)
24. Me hiciste perder el crédito (Parabienes. Tema amoroso)
25. Una estrella floreciente (Villancico. Tema religioso)

26. De muy lejos nuevamente (Tonada. Saludo a la virgen María)
27. La monana (Cueca festiva)
28. El niño Jesús nació (Villancico. Tema religioso)

1954-1957:

29. Doña María, le ruego (Villancico. Tema religioso. Grabado por Víctor Jara)
30. Este mantelito blanco (Villancico. Tema religioso. Grabado por Víctor Jara)
31. Me voy me voy (Tonada. Tema amoroso).
32. Violeta Ausente (Tema de nostalgia por la patria lejana)
33. Viva la luz de don Creador (Tema religioso. Parabién)
34. Viva Dios viva la Virgen (Tema religioso. Parabién)
35. Los paires saben sentir. (Tonada)
36. Parabienes al revés o La carreta enflorá (Parabienes)
37. Tres cuecas punteadas (Cuecas instrumentales)
38. Verso por despedida a Gabriela (Décimas por despedida a Gabriela Mistral)
39. Verso por la niña muerta (compuesto por la muerte de su hija cuando se encontraba ausente)
40. La cueca larga de los Meneses (Cueca larga. Texto de Nicanor Parra)
41. Los burgueses (Texto de Gonzalo Rojas)
42. Los manteles de Nemesio (Pequeña obra para guitarra y soprano compuesta en homenaje a Nemesio Antúnez).
43. La muerte con anteojos (Décimas a lo humano. Tema amoroso)
44. No tengo la culpa ingrato (Verso por desengaño. Décimas a lo humano. Tema amoroso.
45. Tres palabras (Instrumental para guitarra sola)
46. Travesuras (Instrumental para guitarra sola)
47. Fray Gastón baila cueca con el diablo (Instrumental dedicada a Gastón Soublette)
48. El joven Sergio (Dedicada a Queco Larraín)
49. Danza santiaguina del 1900 (Instrumental)
50. Hace falta un guerrillero (Tonada dedicada a Manuel Rodríguez)
51. Veintiuno son los dolores (Canción golpeadita. Tema amoroso)
52. El día de tu cumpleaños (Chapecao. Canto de saludo dedicado a Enrique Bello)
53. El chuico y la damajuana (Texto Nicanor Parra. Refalosa festiva)
54. Yo canto a la diferencia (Canción chicoteada. Tema social)
55. El hijo arrepentido (Tonada. Texto Nicanor Parra)
56. Amigos tengo por cientos. (Décimas por los elementos. Refalosa festiva)

1957-1960:

57. No te quiero sino porque te quiero (Texto Pablo Neruda)
58. Por pa... por pasármelo tomando (Cueca recortada. Festiva)
59. Qué te trae por aquí (Canción tonada a lo guitarrón. Tema amoroso)
60. El pueblo (Texto Pablo Neruda)

1960-1963:

61. Puerto Mont está temblando (Décimas contrapunto por el terremoto)
62. Según el favor del viento (Sirilla. Danza de Chiloé. Tema social)
63. Arauco tiene una pena (Tema social)
64. Me gustan los estudiantes (Tema social)
65. Y arriba quemando el sol (Tema social)
66. Porque los pobres no tienen (Tema social)
67. Hasta cuándo (Cueca. Tema social)
68. Miren cómo sonríen (Tema social)
69. A la una (Cueca larga festiva)
70. Ayúdame Valentina (Tema filosófico, diálogo de la autora con la cosmonauta soviética Valentina Tereshkova)
71. Santiago penando estás (Tema social)
72. Es una barca de amores o En los jardines humanos (Tema de amor)
73. Un río de sangre (Tema social)
74. Qué dirá el santo padre o El santo padre (dedicada a Julián Grimau)
75. La carta o Me mandaron una carta (Tema social)

1964-1965:

76. Tocata y fuga (Instrumental. Quena y cuatro)
77. Galambito temucano (Instrumental. Quena y cuatro)
78. Camanchaca (Instrumental. Quena y cuatro)
79. Los pueblos americanos (Cueca. Tema social)
80. Ven acá regalo mío (Cueca. Tema amoroso)
81. Qué he sacado con quererte (Tema amoroso)
82. El diablo en el paraíso (Canción festiva. Por el mundo al revés)
83. Una chilena en París (Vals. Texto original en francés)
84. Paloma ausente (Canción dedicada a su hija Carmen Luisa)
85. Escúchame pequeño (Vals. Texto original en francés)
86. Cachimbo (Instrumental. Del norte)
87. Un domingo en el cielo (Canción festiva. Tema satírico-religioso. Narra una fiesta en el cielo)
88. Arranca arranca pericona (Tema amoroso)
89. La niña que baila el rin rin (Danza. Tema festivo-amoroso)
90. La flor del olvido o Alegres eran mis ojos (Joropo. Tema amoroso)
91. Corazón maldito (Tema amoroso)
92. La pericona se ha muerto (Pericona. Tema fúnebre. Pericona personaje mítico. Utilizada en la canción social como un símbolo)
93. Se juntan dos palomitos (Tema amoroso)
94. Que tanto será (Refalosa festiva. Tema onírico)
95. Hijo que tiene a sus padres (Tema social. Inédito)
96. El albertío (Rin, danza. Tema irónico festivo)
97. Cantores que reflexionan (Refalosa. Tema filosófico)
98. Pupila de águila (Huayno. Tema amoroso)

99. Maldigo del alto cielo (Sirilla canción. Tema de amor)
100. Mazúrquica modérnica (Mazurca. Tema social)
101. Rin del angelito (Rin Danza. Tema religioso)
102. Una copla me ha cantado (Lamento. Tema amoroso)
103. El guillatún (Danza estilo araucano. Tema social)
104. Pastelero a tus pasteles (Cueca)
105. De cuerpo entero (Cueca. Tema festivo social)
106. Gracias a la vida (Canción. Tema filosófico)
107. Volver a los 17 (Sirilla canción. Tema de amor)
108. Run Run se fue pa'l Norte (Tema de amor)
109. Cuecas del libro (Tema de amor y social)
110. La lavandera (Tema de amor)

Textos de Violeta Parra musicalizados por Isabel Parra

1. Al centro de la injusticia
2. Qué palabra te dijera
3. Como el roble en el verano
4. Lo que más quiero
5. Ayúdame Valentina
6. Solitario solo
7. Siqueiro prisionero
8. Quisiera tener cien pesos

Exposiciones de tapices y pinturas

1959: Museo de Arte Moderno (Río de Janeiro, Brasil)
1960: Primera Feria de Artes Plásticas (Santiago, Chile)
1961: Segunda Feria de Artes Plásticas (Santiago, Chile)
      - Galería Teatro I.F.T. (Buenos Aires, Argentina)
1962: Casa de la Cultura (Helsinki, Finlandia)
      Galería de arte (Berlín, R.D.A.)
1963: Universidad de Ginebra (Ginebra, Suiza)
1964: Museo de Artes Decorativas. Pabellón Marsan del
      Palacio del Louvre (París, Francia)
      Galería de arte (Ginebra, Suiza)
      Galería de arte (Laussanne, Suiza)
1965: Galería de arte (Ginebra, Suiza)
      Galería de arte (Laussane, Suiza)
1966: Galería Merced (Santiago, Chile)
1967: Universidad Católica (Santiago, Chile)
1971: Casa de las Américas (La Habana, Cuba)
1976: Casa de las Américas (La Habana, Cuba)
1977: Festival Internacional de Teatro (Nancy, Francia)

Discografía, Bibliografía y Filmografía

Preparadas por
JUAN ARMANDO EPPLE

A) Discografía (Singles)

Serie de discos grabados entre 1949 y 1952 por Hilda y Violeta Parra, «Las Hermanas Parra». Santiago sello R.C.A. Víctor. Contiene: El Caleuche (Cueca) y Judas (Vals) / El buen consejo (Vals) y Entrégame la cabulla (Cueca) / Qué rica cena (Cueca) y La cueca del payaso (Cueca) / A mi casa llega un gato (Cueca) y Ciento cincuenta pesos (Cueca) / Es imposible (Corrido) y Luis ingrato (Corrido).

Qué pena siente el alma (Vals del folklore) y Casamiento de negros. Odeón. Santiago, 1953.

Cuecas. Dúo Isabel y Violeta Parra. Sello Demon, Santiago, 1965.

 Contiene: Ven acá, regalo mío y En los altos de Colombia.

El tocador afuerino. Violeta Parra y Gilbert Favre. Odeón, Santiago de Chile, 1965.

 Contiene: Cara A: Camanchaca y Galambito temucano. Cara B: Tocata y fuga.

Hay otros «singles» que no nos ha sido posible homologar y que fueron editados en Francia por Le Chant du Monde, a partir de su Larga Duración *Violeta Parra Cantos de Chile,* París, 1956.

B) Discografía (Larga Duración)

1. *Violeta Parra - Cantos de Chile,* Paris, Le Chant du Monde, 1956.
   Contiene: *Cara A:* Aquí se acaba esta cueca. Ausencia (Habanera). Miren como corre el agua (Cueca). Versos por el apocalipsis. Parabienes de novios. Casamiento de negros (Parabienes). Dicen que el ají maúro (Cueca). *Cara B:* La refalosa (Danza). Paimiti (Canción pascuence). El Palomo (Chapecao). Viva Dios, viva la Virgen (Parabienes). Cantos a lo divino. Meriana (Canción pascuence).
   (Hay una nueva edición de 1975 [LDX 74572/73] incluye El Gavilán).

2. *Violeta Parra acompañada de guitarra.* El folklore de Chile, Vol. I. Odeón, Santiago, 1956.
   Contiene: *Cara A:* La inhumana (Refalosa del folklore). Es aquí o no es aquí (Esquinazo del folklore). Son tus ojos (Vals del folklore). Parabienes al revés. Tres cuecas punteadas (Solo de guitarra). Verso por saludo. Ausencia (Habanera). Las naranjas (tonada). El sacristán (Polka). *Cara B:* Versos por la sagrada escritura. Viva la luz de Don Creador. El bergantín (Vals del folklore). Versos por la niña muerta. Tres polkas antiguas (Solo de guitarra). Versos por despedida a Gabriela Mistral. No habiendo como la maire. La paloma ingrata (Mazurca del folklore).

3. *Violeta Parra acompañada de guitarra.* El folklore de Chile, Vol. II, Santiago, Odeón, 1956.

Contiene: *Cara A:* Verso por el Rey Asuero (A lo divino). Adiós corazón amante (Tonada maulina). Bella joven (vals). Ya me voy a separar (Tonada punteada). Versos por las doce palabras (A lo divino). Viva Dios, Viva la Virgen (Parabienes). La muerte con anteojos (A lo humano). Niña hechicera (Mazurca). *Cara B:* Cueca larga de los Meneses (Cueca). Amada prenda (Vals canción). Verso por desengaño (A lo humano). La petaquita (Mazurca). Tonada del medio (Tonada). Verso por padecimiento (A lo divino). Tonada por ponderación (Canción punteada). Yo también quiero casarme (Polka).

4. *La cueca presentada por Violeta Parra.* El folklore de Chile, Vol. III, Santiago, Odeón (LDC 36038),1957.

Contiene: *Cara A:* Presentación y comentario inicial. La cueca del balance. Adiós, que se va Segundo. Floreció el copihue rojo. Un viejo me pidió un beso. Cueca del organillo. Cuando estaba chiquillona. Una chiquilla en Arauco. Quisiera ser Palomita. En el cuarto de la Carmela. La muerte se fue a bañar. De las piernas de un zancudo. *Cara B:* Dame de tu pelo rubio. Yo vide llorar un hombre. Tengo que hacer un retrato. Pañuelo blanco me diste. Cueca del payaso. La mariposa. Para qué me casaría. Cueca valseada. La niña que está bailando. Cueca de armónica. El ají maduro. En la cumbre de los Andes. Cueca larga de los Meneses (Segundo pie). Palabras finales.

Todas las composiciones son del folklore, salvo las que se señalan con un asterisco (*).

5. *La tonada presentada por Violeta Parra.* El folklore de Chile, Vol. IV, Santiago, Odeón, 1957.

Contiene: *Cara A:* ¿Adónde vas, jilguerillo? Atención mozos solteros. Cuando salí de mi casa. Si lo que amo tiene dueño. Cuándo habrá cómo casarse. Un reo siendo variable. Si te hallas arrepentido. *Cara B:* Las tres pollas negras. Una naranja me dieron. Huyendo voy de tus rabias. El joven para casarse. Tan demudado te he visto. Yo tenía en mi jardín. Imposible que la luna. Blanca Flor y Filumena.

6. *Toda Violeta Parra. El folklore de Chile, Vol. V, Santiago, Odeón (LDC 36444), 1960.*
Contiene: *Cara A:* Hace falta un guerrillero (Tonada). Veintiuno son los dolores (Canción «golpeadita»). Por la mañanita (Tonada). El día de tu cumpleaños (Chapecao). El chuico y la damajuana (Refalosa). Yo canto a la diferencia (Canción chicoteada). El hijo arrepentido (Tonada. Texto de Nicanor Parra).

Cara B: Amigos tengo por cientos (Décimas por los elementos). Por pasármelo tomando (Cueca recortada). Qué te trae por aquí (Canción tonada a lo guitarrón). Casamiento de negros (Parabienes). El pueblo (Texto de Pablo Neruda). La jardinera (Tonada). Puerto Montt está temblando (Décimas contrapunto por el terremoto).

7. Disco Larga Duración editado en Buenos Aires, Odeón, 1961. La edición fue prohibida y no circuló. Incluía por primera vez la canción Porque los pobres no tienen, escrita justamente en Argentina.

8. *Los Parra de Chile.* Violeta Parra y sus hijos. Berlín, R.D.A., sello Amiga, 1962.

9. *Recordando a Chile. Canciones de Violeta Parra.* Santiago, Odeón (SLDC/36533), 1965.
Contiene: *Cara A:* Mañana me voy pa'l norte. Qué he sacado con quererte. El diablo en el paraíso. A la una. Una chilena en París. Paloma ausente. *Cara B:* Y arriba quemando el sol. Qué dirá el Santo Padre. Pedro Urdemales. Escúchame, pequeño. Defensa de Violeta Parra (Leído por Nicanor Parra).

10. *La Carpa de La Reina.* Violeta Parra y otros intérpretes. Santiago, Odeón, 1966.
Contiene: Los pueblos americanos. La pericona se ha muerto. Corazón maldito. Palmero sube a la palma.

11. *Las últimas composiciones de Violeta Parra. Acompañamientos instrumentales de Isabel y Angel Parra.* Santiago, RCA Víctor (CML 2456), 1966.
Contiene: *Cara A:* Gracias a la vida. El Albertío. Cantores que reflexionan. Pupila de águila. Run Run se fue pa'l norte. Maldigo del alto cielo. La cueca de los poetas. *Cara B:* Mazúrquica modérnica. Volver a los diecisiete. Rin del angelito. Una copla me ha cantado. El guillatún. Pastelero a tus pasteles. De cuerpo entero.
De este disco hay una reedición, hecha en Madrid con el título *Violeta Parra canta sus últimas composiciones,* RCA Víctor, 1972.

12. *Canciones reencontradas en París.* Santiago, Dicap, (DCP 22), 1971. Contiene: *Cara A:* Santiago penando estás. Según el favor del viento. Arauco tiene una pena. Hasta cuándo está. *Cara B:* La carta. Qué vamos a hacer (Ayúdame Valentina). Es una barca de amores. Rodríguez y Recabarren (Un río de sangre corre).
Este disco se hizo a partir de una grabación hecha efectivamente en París por Arion en 1963. Esta casa grabadora repitió el disco, sin variación alguna, en 1974, con el título *Santiago penando estás.* Hay todavía otra edición que lleva este mismo título último, hecha en Dortmund, Rep. Fed. Alemana (P 12 DF 45), en 1975.

13. *Canciones de Violeta Parra.* Serie Música de esta América. La Habana, Casa de las Américas, 1971.
Contiene: *Cara A:* Gracias a la vida. Qué dirá el Santo Padre. Hace falta un guerrillero. Arauco tiene una pena. A la Una. *Cara B:* La jardinera. Arriba quemando el sol. La carta. Paloma ausente. Según el favor del viento. Maldigo del alto cielo.

14. *Canto para una semilla.* Décimas autobiográficas de Violeta Parra, Música de Luis Advis. Intérpretes: Isabel Parra y conjunto Inti-Illimani. Santiago, Dicap, 1972.
Contiene: *Cara A:* Los parientes. La infancia. El amor. El compromiso. *Cara B:* La denuncia. La esperanza. La muerte. Epílogo. Canción final.
(Hay una reedición de este disco hecha en Roma por el sello Vedette en 1978).

15. *Un río de sangre. Le Chili de Violeta Parra.* París, Arion (ARN 34222), 1974.

16. *Violeta Parra ausente presente...* París, Le Chant du Monde, 1975. (Album doble).
Contiene Disco Uno: *Cara A:* El primer día del señor. Entre aquel apostolado. Hay una ciudad muy lejos. En el portal de Belén. Cuecas punteadas. Tres polkas. *Cara B:* Viva la luz de Don Creador. Las paires saben sentir. Viva Dios, Viva la Virgen. Casamiento de negros. Arriba de aquel árbol. Qué pena siente el alma. Ausencia. El palomo. Contiene Disco Dos: *Cara A:* Violeta ausente. Me voy, me voy.

Miren cómo corre el agua. La jardinera. Dicen que el ají maúro. Dónde estás prenda querida. Ojos negros matadores. Aquí se acaba esta cueca. *Cara B:* El gavilán. Meriana. Paimiti.

(Salvo El Gavilán, grabado en 1964, todos los otros títulos habían sido grabados en París en marzo de 1956).

17. *Violeta Parra - Décimas.* Santiago, Alerce, 1976.

C) Textos de Violeta Parra. Antologías

1. Violeta Parra, *Poésie populaire des Andes* - édition bilingue traduite et présentée par Panchita González-Battle, Paris, François Maspero, 1965 (Collection «Voix» N.º 12) Libro dividido en dos secciones: poesía popular y canciones de Violeta Parra.

2. Violeta Parra, *Décimas - Autobiografía en versos chilenos,* introducida por Pablo Neruda, Nicanor Parra y Pablo de Rokha, Barcelona, Ediciones Nueva Universidad - Universidad Católica de Chile. Editorial Pomaire, 1970. 2.ª edición, Santiago de Chile, Ediciones Nueva Universidad - Universidad Católica de Chile, 1972. Otras ediciones: La Habana, Casa de las Américas, 1971; México, Ediciones de Cultura Popular, 1974; Barcelona, Editorial Pomaire, 1976.

3. Violeta Parra, «Cuentos folklóricos», *Atenea,* N.º 423 (julio-septiembre 1970): 34-39, Universidad de Concepción. Documenta la tradición de las décimas entre los cantantes del Departamento de Puente Alto, Santiago.

4. Violeta Parra, *Toda Violeta Parra* -Antología de canciones y poemas, por Alfonso Alcalde, Buenos Aires, Ediciones de la Flor, 1974. (2.ª edición, 1975).

5. Violeta Parra, *Violeta del pueblo* - Prólogo, selección y notas de Javier Martínez Reverte, Madrid, Visor, 1976. (Colección «Visor de poesía» vol. LXX). («Nota preliminar», págs. 9-21; «Breve perfil biográfico», págs. 23-25).

6. Violeta Parra, *21 son los dolores* - antología amorosa - Introducción, selección y notas de Juan Andrés Piña, Santiago de Chile, Ediciones Aconcagua, 1976. 2.ª edición 1977 (Colección «Mistral»).

7. Violeta Parra, *Cantos Folklóricos Chilenos* - Transcripciones musicales de Luis Gastón Soublette; fotografías de Sergio Larraín y Sergio Bravo, Santiago de Chile, Editorial Nascimiento, 1979.

8. Véase E.19

9. Véase E.25

D) Canciones de Violeta Parra en antologías

1. Franco-Lao, Meri (editor), *Basta! - Chants de témoignage et de révolte de l'Amerique Latine,* Paris, François Maspero, 1967 (Colección «Voix» N.º 16) Incluye: «Yo canto la diferencia», pág. 69, y «Hace falta un guerrillero», pág. 142.

2. Rincón, Carlos, y Gerda Schattenberg (eds.) *Gitarre des dämmernden Morgens* - Das Neue Chilenische Lied, Berlin und Weimar, Aufbau-Verlag, 1975 (Edition Neue

Texte). Incluye: «La carta», «Y arriba quemando el sol», «Arauco tiene una pena», «Miren como sonríen», «Ayúdame, Valentina» y «Gracias a la vida».

3. Bessière, Bernard, *La nouvelle chanson chilienne en exil*. Plau de la Tour, Var: Editions d'aujourd'hui, 1980. 2 tomos. El volumen II incluye una selección de 16 composiciones, págs. 101-110.

E) Bibliografía sobre Violeta Parra (libros, artículos, notas, referencias).

1. Agosin, Marjorie, «Bibliografía de Violeta Parra», *Revista Inter-Americana de Bibliografía*, Washington D.C., Vol. XXXII, n.º 2 (1982): 179-190.
Util bibliografía comentada, precedida de una introducción que destaca su labor como investigadora del folklore chileno y su aporte al movimiento de la nueva canción.

2. Anónimo, «La Parra madre y los otros Parra», *Revista de los Domingos* N.º 614 (El Mercurio), Santiago, 1978.

3. Alcalde, Alfonso, *Gente de carne y hueso* (Santiago: Editorial Universitaria, 1971). «Violeta Parra», págs. 15-17.

4. Alcalde, Alfonso, *Toda Violeta Parra* (Buenos Aires: Ediciones de la Flor, 1974. 2.ª edic. 1975).
Antología precedida de una descripción biográfica y valorativa de Violeta Parra.

5. Alegría, Fernando, «Violeta Parra», en *Retratos contemporáneos* (New York: Harcout, Brace and Jovanovich, 1979): 165-168. Semblanza sobre la vida y obra de Violeta Parra, con carácter informativo y dedicada a los estudiantes de español de las universidades norteamericanas.

6. Arguedas, José María, «Análisis de un genio popular hacen artistas y escritores», *Revista de Educación*, N.º 13, Santiago de Chile, Ministerio de Educación (1968): 66-76.
Texto de la grabación magnetofónica de una mesa redonda organizada por la Universidad Católica de Chile, dedicada a analizar el aporte de Violeta Parra a la cultura chilena y latinoamericana. En ella participaron José María Arguedas, José Ricardo Morales, Eduardo Martínez Bonati, Mario Carreño, Manuel Danneman, Teresa Vicuña, Margot Loyola, José María Palacios, Raquel Barros y Enrique Bello.

7. — «Der Fall Violeta Parra», en Rincón, Carlos y Gerda Schattenberg (eds.), *Gitarre des dammernden Morgens-Das Neue Chilenische Lied* (Berlin und Weimar: Aufbau-Verlag, 1975): 136-138.

8. Barraza, Fernando, «Del arroyito a Violeta Parra», en *La nueva canción chilena* (Santiago: Editorial Quimantú, 1972): 17-27. El autor destaca el rol innovador que tuvo Violeta Parra en el desarrollo de la música popular chilena y especialmente en la nueva canción.

9. Bello, Enrique, «Homenaje a Violeta Parra», *Boletín de la Universidad de Chile*, N.º 74 (1967): 60-61.

10. Bessière, Bernard, «Violeta Parra. La permanence du thème folklorique», en *La nouvelle chanson chilienne en exil,* op. cit. Vol. I, págs. 228-241.
El autor analiza la relación de la tarea de investigación folklórica realizada por Violeta Parra, la base de sus composiciones y el desarrollo de la nueva canción chilena.

11. Brown, Alison M. «The New Song Movement: a History of Popular Politics and Cultural Change, 1964-1973», B.A. Honor thesis, Harvard College, 1979. 342 páginas.
Los capítulos II y III de este extenso trabajo se centran en el rol de Violeta Parra como precursora del movimiento de la nueva canción chilena.

12. Cánepa-Hurtado, Gina, «Violeta Parra y sus relaciones con la canción de lucha latinoamericana», tesis doctoral, Berlin West, 1981. Inédita.

13. — «La canción de lucha de Violeta Parra y su ubicación en el complejo cultural chileno entre los años 1960 a 1973. Esbozo de sus antecedentes socio-históricos y categorización de los fenómenos atingentes», *Revista de Crítica Literaria Latinoamericana,* Perú, Año IX, N.º 17 (1983): 147-170.
Detallado estudio del contexto histórico-cultural en que se sitúa la obra de Violeta Parra, la relación de esta obra con el folklore y la reelaboración de esa tradición en un repertorio definido como «canción de lucha».

14. — «Zum Leben und Zur Arbeit Violeta Parra's», *40 Kunstlerinnen Zum Thema Zensur und Exil, Berlin, 1983. (Documento inédito). Texto presentado para la exhibición Chilenas, dentro y afuera,* Berlin, 1983.

15. Clouzet, Jean, *La nouvelle chanson chilienne* (Paris: Seghers, 1975, 2 tomos. Tomo I, págs. 21-32.

16. Epple, Juan Armando, «Violeta Parra y la cultura popular chilena», *Alero,* Universidad de San Carlos de Guatemala, N.º 24 (1977): 188-202. También en *Literatura Chilena en el Exilio,* California, N.º 2 (1977): 4-11.
Análisis de la labor artística de Violeta Parra en el contexto de la sociedad y cultura (s) chilena contemporánea.

17. — «Notas sobre la cueca larga de Violeta Parra», *Cuadernos Americanos,* México, Vol. CCXXIV, N.º 3 (1979): 232-248. Una versión más corta de este artículo apareció en *Araucaria,* Madrid, N.º 5 (1979): 187-197.
Reseña crítica y reflexiones sobre los libros de Bernardo Subercaseaux-Jaime Londoño, Alfonso Alcalde, Jaime Martínez Reverte y Patricio Manns.

18. — «Violeta Parra: the Founding Voice of the New Latin American Song Movement», *ECHRLA Newsletter,* Oregon, March 4 (1984): 11-12.
Breve artículo informativo destinado al público norteamericano.

19. Engelbert, Manfred (ed.) Violeta Parra, *Lieder aus Chile* Frankfurt/ M: Verlag Klaus Dieter Vervuert (1987). «Eifünhrung», págs. 9-47.
Antología anotada, en edición bilingüe, de las composiciones de Violeta Parra, precedida de un detallado estudio que sitúa la obra de Violeta Parra en el contexto

216

biográfico de la autora y en el histórico-cultural del país. Incluye una discografía y una selección bibliográfica.

20. Huasi, Julio, «Violeta de América», *Casa de las Américas,* Cuba, N.ᵒˢ 65-66 (1971): 91-104.
   Artículo descriptivo y testimonial sobre la vida y obra de Violeta Parra, con reflexiones sobre el sentido popular de su arte en tanto expresión de una identidad social y cultural alternativa a la que proponen y difunden los sectores dominantes.

21. Lasko, Susan, «Songs of Struggle, Songs of Hope: The Chilean New Song», Senior essay, University of California, Santa Cruz, 1977.

22. Letelier, Alfonso, «In Memoriam Violeta Parra», *Revista Musical Chilena,* Año XXI, N.º 100 (1967): 109-111.
   Valoración del trabajo de recopilación folklórica y creación de Violeta Parra, destacando la calidad musical de composiciones como las «Anticuecas» y la balada «El Gavilán».

23. Lipthay, Isabel, «Canto nuevo, un movimiento», *Hoy,* Santiago, (30 de enero-5 de febrero, 1980): 41-42.
   Reportaje panorámico sobre el desarrollo de la nueva canción chilena a partir de los 60, destacando la importancia de Violeta Parra en este movimiento cultural.

24. Jara Turner, Joan, y Gustavo Becerra, *La nueva canción chilena: Ieri, oggi, domani* (Roma: Ediciones ONAE-DICAP, 1976): 10-16.

25. Manns, Patricio, Violeta Parra, *La guitarre indocile* (Paris: Les Editions du Cerf, 1977). Edición en español, Madrid: Ediciones Júcar, 1978 (Colección Los Juglares, 34).
   Una de las recopilaciones más completas de las composiciones de Violeta Parra, con un extenso e iluminador estudio introductorio.

26. Martí Fuentes, Adolfo, «La poesía popular de Violeta Parra», *Casa de las Américas,* N.º 69 (1971): 203-206.
   Reseña sobre las *Décimas.*

27. Martínez Reverte, Jaime. *Violeta del pueblo.* Madrid, Visor, 1976. (Colección «Visor de Poesía» Vol. LXX).

28. Müller-Berg, Klaus, «Fulgor y muerte de Violeta Parra», *Revista Inter-Americana de Bibliografía,* Vol. 28, N.º 1 (1978): 47-53.
   Análisis temático de las *Décimas.*

29. Orrego-Salas, Juan, «La nueva canción chilena: tradición, espíritu y contenido de su música», *Literatura Chilena en el Exilio,* Vol. 4, n.º 2 (1980): 2-7.
   Excelente análisis de las características musicales de la nueva canción chilena, señalando el aporte creador de Violeta Parra a este movimiento artístico.

30. Parra, Angel, «Porträt der Violeta Parra», en Carlos Rincón y Gerda Schattenberg, *op. cit.* págs. 129-135.

31. Parra, Isabel, «Porträt der Violeta Parra», en Carlos Rincón y Gerda Schattenberg, *op. cit.* págs. 134-135.

32. Piña, Juan Andrés, «Violeta Parra, fundadora musical de Chile», prólogo a Violeta Parra, *21 son los dolores* (Santiago: Editorial Aconcagua, 1977): 13-25.
Valoración de la obra de Violeta Parra y análisis de algunos temas predominantes en sus composiciones.

33. — «Prados y flores y portentos», *Hoy,* Santiago (5 al 11 de marzo, 1980): 39-41.
Reportaje que destaca la labor de Violeta Parra como recopiladora e investigadora del folklore chileno.

33 bis. — «Violeta Parra, la flor y el futuro», *Hoy,* N.º 28, Santiago (7 diciembre, 1977): 32-36.

34. Rodríguez, Osvaldo, *Cantores que reflexionan. Notas para una historia personal de la nueva canción chilena,* Madrid: Ediciones LAR, 1984. (Serie «Memoria y Testimonio»).
Este libro incluye los siguientes capítulos testimoniales sobre Violeta Parra: «Violeta Parra y una invitación», págs. 37-38; «Violeta Parra en Valparaíso», págs. 39-48: «La Peña del Mar y Violeta una vez más», págs. 69-71; «Violeta Parra por última vez», págs. 105-109; «Conversación con Gilbert Favre», págs. 111-114; «Conversación con Carmen Luisa Parra», págs. 163-174; «Evocación en voz alta. Isabel y Angel Parra hablan de Violeta», págs. 175-179; y «Conversación con Adela Gallo», págs. 187-192.

35. Rojas, Luis Emilio, *Biografía cultural de Chile* (Santiago: Editorial Nascimento, 1974): 245-247.

36. Subercaseaux, Bernardo, y Jaime Londoño, *Gracias a la vida. Violeta Parra* (Buenos Aires: Editorial Galerna, 1976).
2.ª edición, agregando a Patricia Stambuck como co-autora, Santiago: co-edición CENECA - Granizo, 1982. Re-editado también en la revista *La Bicicleta,* Santiago.
Biografía de Violeta Parra basada en el testimonio de un amplio número de informantes que la conocieron en distintas etapas de su vida.

37. — «Merci a la vie, Violeta Parra», *Europe,* París, N.º 570 (1976): 233-239.
Capítulo del libro mencionado en E.36.

38. — «Notes on Violeta Parra», *Papers in Romance,* Vol. 2, N.º 1 (Autumn 1979): 76-78, University of Washington.
Esta nota propone una periodización en la evolución artística de Violeta Parra, e incluye una discografía y una selección bibliográfica.

39. Szmulewicz, Efraín, *Diccionario de la literatura chilena* (Santiago de Chile: Selecciones Lautaro, 1977): 356-357.

40. Rodrigo Torres y equipo, *Perfil de la creación musical en la nueva canción chilena desde sus orígenes hasta 1973,* documento de trabajo CENECA, mimeografiado, Santiago de Chile, 1980. 81 páginas.

Importante investigación de la serie de investigaciones patrocinadas por CENE-CA en Chile, que incluye una sección dedicada a valorar la significación de la obra de Violeta Parra en este movimiento artístico.

41. Villalobos C., Max, «Violeta Parra, hermana mayor de los cantores populares», *Revista Musical Chilena*, XII, N.º 60 (1958): 71-77.
Este artículo, que sitúa a Violeta Parra en la tradición de los poetas populares de Chile, es la primera publicación que encontramos en revistas chilenas sobre el arte, entonces ignorado, de la *viola chilensis*. Este estudio inicial levanta un puente que todavía se sostiene (y los puentes proponen, al menos, dos direcciones además de las barandas): señala el vínculo de la obra de Violeta Parra con la cultura popular de Chile y propone tareas de investigación, aún por hacer, que expliquen el modo cómo ella ha contribuido a transformar creadoramente esa cultura.

F) Filmografía

1. *Casamiento de negros*. Documental realizado por Sergio Bravo. Imagen voz y guitarra de Violeta Parra. 16 mm. blanco y negro, 10 min. Santiago, 1960.

2. *Violeta Parra, bordadora chilena*. Documental realizado por la Sociedad Suiza de Radiodifusión y Televisión: 16 mm., 29 min. Ginebra, 1964.

3. *Gracias a la vida*. Realizada por Víctor Casaus. 35 mm. color, 18 min. La Habana, ICAIC, 1977.

En la preparación de estos materiales se ha consultado la información incluida en tres textos: Marjorie Agosin, «Bibliografía de Violeta Parra» (ver E.1.), *Violeta Parra. Lieder aus Chile* (ver E.19.), B. Subercaseaux, «Notes on Violeta Parra» (ver E.38) y E. Addenda: «Notas de la prensa en Chile (1976-1981)». Esta addenda de notas periodísticas fue proporcionada por Justo Alarcón R., director de la Sección de Referencias Críticas de la Biblioteca Nacional, Santiago, Chile, a quien el autor y el editor transmiten sus agradecimientos.

En la discografía y filmografía ha sido esencial la información proporcionada por Isabel Parra.

A modo de epílogo

Este libro es producto de un trabajo realizado en el curso de los años 1976, 1977 y 1978.

No puede considerarse completo, porque la obra creada por Violeta Parra es inmensa y una parte no despreciable se encuentra dispersa, sin haber podido ser reunida.

No lo es, además, porque hemos resuelto, de común acuerdo con nuestros editores, publicar en un tomo separado su obra plástica (los tapices y óleos en reproducciones a color) y las pautas musicales de sus principales canciones.

Muchas personas han contribuído a la realización de este libro, y la autora quiere expresarles sus sinceros agradecimientos. Daniel Vittet, Silvio, Pablo, Benedicte Gramper, Eve Grilliquez, Daniel Divorne, Gilbert Favre, Raúl Aicardi, Angel, Marta, Guayo, Toyita, Tito, Carlos, Natacha, Pato, Ricardo, René, Juan Andrés, Régine, Estela. Gracias también a Haydée Santa María, hoy desaparecida, que fue una de las primeras personas en animarme a preparar esta obra.

Nuestros agradecimientos, también, a quienes nos han autorizado a reproducir sus fotografías: Daniel Vittet, Queco Larraín, Sergio Bravo, Javier Pérez, Carlos Quezada, Gerard Minkof, Helen Adant, Henry Noverroz, Han Palkow.

Debemos también nuestro reconocimiento a Víctor Casaus, escritor y poeta, director de documentales en el Instituto Cubano de Arte e Industria Cinematográfica de la Habana, que aceptó aportar, con su prólogo, un luminoso análisis de la obra de Violeta Parra.

Libros del MERIDION

NERUDA
Volodia Teitelboim

Una apasionante y completísima biografía del gran poeta chileno, escrita con la múltiple perspectiva del amigo y compañero de treinta años de vicisitudes políticas e intelectuales comunes; del crítico literario y comentarista de su obra, y del novelista, que ha organizado el vasto material informativo y documental de la obra con la dramaticidad, ritmo y amenidad de la narración novelesca.

Formato: 14 × 21,5 cm.; 428 páginas; láminas fuera de texto con fotografías inéditas. Precio: US. $ 9.

DAWSON
Sergio Vusković Rojo

La vida cotidiana en la isla de Dawson, donde funcionó uno de los primeros campos de concentración de la Junta Militar chilena. Dramático relato de un ex prisionero, alternado con los testimonios directos de Orlando Letelier, Luis Corvalán, Victoria Morales de Tohá, Benjamín Teplisky, Pedro Felipe Ramírez, Enrique Kirberg y otros.

Formato: 11 × 18 cm.; 208 páginas. Precio: US. $ 3.

EDICIONES MICHAY, S. A.
Arlabán, 7. 28014 - Madrid. España